홍차 강의

입문자를 위한 홍차의 A to Z

# 홍차 강의

이진수 지음

이른아침

# 홍차 한 잔에
# 담긴 문화

　차茶는 단순한 음료가 아니라 당대當代의 사회적·정신적 문화를 규정짓고 선도하는 문화의 일부이자 첨병입니다. 지식과 이성, 문학적 감수성이나 술이 주는 일탈적 해방감만으로는 인간사의 궁극적 실체를 규명할 수 없다고 판단한 당송唐宋의 시인 묵객과 현사賢士들은 과거의 어느 때보다 화려한 차 문화의 꽃을 만개시켰고, 여기서 동양의 르네상스는 마침내 시작되었습니다.

　차 문화의 역사가 일천하기 그지없는 유럽과 아메리카에서도 차는 그 지역에 소개되자마자 태풍과도 같은 거센 바람을 일으키며 단박에 유럽의 문화를 바꾸고 사람들의 인식을 바꾸었으며 산업의 판도까지 뒤흔들었습니다. 차 때문에 유럽과 아메리카와 동양에서 전쟁이 벌어졌고, 차 때문에 동양과 유럽 사이에 전에 없던 무역로가 생겨났으며, 차 때문에 오로지 중상주의重商主義와 실용주의實用主義에만 경도되어 있던 서양의 문화도 일변一變에 일변을 거듭하여 정신적 성숙기를 맞이하게 되었습니다. 동양적 관점에서 보자면 한 잔의 차가 유럽으로 건너가면서 비로소 유럽인들은 문화다운 문화, 품격과 정신적 충일함을 안겨주는 문화의 한 형태를 비로소 접하게 된 것입니다. 이처럼 차는 동서東西와 고금古今을 가리지 않고 사람들을 일깨우고 문화를 부흥시키는 원동력이 되어왔습니다.

하지만 차의 이런 순기능과 역할을 당대의 모든 사람들이 알아채고 적절히 활용할 수 있었던 것은 아닙니다. 차는 대체로 지식인과 문화인과 진취적인 사고를 가진 리더들의 음료였습니다. 삼국시대와 고려시대의 승려는 종교인이기 이전에 사회적으로 가장 존경받는 최고의 지식인이었고, 조선의 사대부 역시 마찬가지였으며, 당송의 시인 묵객이나 일본의 사무라이 역시 역사와 문화를 이끌어나가는 주체 세력이었습니다. 유럽에서도 상황은 다르지 않아서 차는 먼저 왕실과 귀족들 사이에서 널리 퍼졌고, 세월이 한참 흐른 뒤에야 누구나 즐기는 서민의 음료가 되었습니다.

오늘날 차는 누구나 즐길 수 있고, 또 즐기고 있는 음료로 인식됩니다. 골목의 구멍가게보다 많이 생겨난 커피 전문점에서도 차를 팔고, 가정이나 직장마다 커피 대신 마실 수 있도록 간편한 티백 녹차가 준비되어 있습니다. 하지만 이렇게 단순한 해갈解渴을 위해 마시는 음료로서의 차는 차 본연의 맛 가운데 극히 작은 일부분에 지나지 않습니다. 한 잔의 차에 담긴 정신과 문화와 역사를 이해하지 못한다면 차는 깨끗한 한 잔의 냉수보다 특별히 나을 것이 없고, 커피보다 그 효용이 탁월하다고 주장하기도 어렵습니다.

　이번에『홍차 강의』를 다소 서둘러 내는 것은, 최근 범람의 수준에 다다르고 있는 홍차의 바람에서 그 문화와 역사와 정신이 제대로 발현發顯되지 못하고 있다는 안타까움 때문입니다. 이는 좋은 차를 제대로 우릴 줄 몰라 엉터리 음료로 마시는 것과 다르지 않습니다. 법과 예를 지켜 제대로 우려낼 때 차에는 도의 향기와 맛이 담기게 됩니다. 홍차를 우리고 마시는 데 있어서도 이는 변치 않는 원칙입니다. 홍차가 젊은이들 사이에서 큰 인기를 얻고, 만인이 홍차를 두루 즐겨서 그 맛과 향으로 기분이 좋아지고 건강이 개선된다면 이보다 좋은 일은 없습니다. 한 잔의 홍차에서도 세계가 운행되는 원리와 역사의 발전 법칙을 이해하지 않으면 안 되고, 홍차 한 잔에 담긴 맛과 향에서 인생의 바른 진리를 찾아 세상에 전파함으로써 역사와 문화의 진보에 기여하지 않으면 안 됩니다.

　이와 같은 의도를 살리고자 이번『홍차 강의』에서는 역사적 사실들을 길게 나열하는 대신에 각종 홍차를 만들고 즐기는 실용적인 부분들에 대하여는 길게 설명하지 않았습니다. 학술적 성격에서 멀어진 이런 실용적 정보들은 기존의 책들이나 인터넷에서 만날 수 있고, 차의 정신적인 면과 관련해서는 필자의 다른 책들을 참고할 수 있을 것입니다. 그밖에 홍차를 즐기고 배우는 입문자들이 반드시 알았으면 하는 여러 사항들을 두루 담아 다른 책들을 찾아 읽거나 넘쳐나는 정보들을 취사선택할 때에 길잡이가 될 수 있도록 꾸미는 데 주안을 두었습니다.

그럼에도 불구하고 여전히 아쉬움은 남습니다. 특히 홍차는 다른 차나 음료, 혹은 향신료 등과 함께 즐기는 경우가 많은데 이를 위한 기본 원칙과 구체적인 방법을 다양하게 소개하지 못한 것은 가장 큰 아쉬움입니다. 홍차를 즐기는 방법은 수백 가지로 다양하여 그 변화가 무쌍하고 범위 또한 무한히 넓습니다. 다음에는 이런 실용적인 정보들을 포함하는 『홍차 강의-실전편』을 선보일 예정이며, 이를 통해 다양하고 깊이 있는 홍차의 세계로 안내할 것을 약속드립니다. 모쪼록 이 작은 책이 홍차 한 잔에 담긴 문화의 향기를 제대로 즐기고자 하는 모든 이들에게 지침이 될 수 있기를 간절히 소망합니다.

2011년 차의 계절에
나포리 초당에서
저자 李眞秀 識

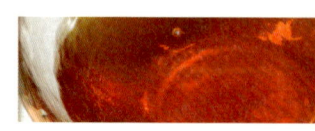

### 차례

# part 1

# 홍차와의 첫 만남

홍차(紅茶)는 차(茶)의 한 종류이며, 차는 커피 및 코코아와 더불어 세계인들이 가장 즐겨
마시는 3대 기호음료 가운데 하나다. 따라서 홍차를 이해하기 위해서는 먼저 차에 대한
기본적인 상식들을 되짚어볼 필요가 있다. 우선 차(茶)라는 용어의 의미부터 살펴보자.

## 🫖 차의 네 가지 의미

차茶라는 용어는 대체로 네 가지 의미를 포괄하고 있는데, 먼저 '차밭, 차꽃, 차싹' 등의 용어에 나타나는 차는 차나무를 지칭한다고 할 수 있다. 차나무의 학명은 카멜리아 시넨시스*Camellia sinensis*로, 측막태좌목側膜胎座目 차나무과茶-科에 속한 나무다. 열대, 아열대, 온대 지방에서 자라며 사철 잎이 푸른 상록수常綠樹다. 중국이 원산지로 알려져 있으며, 변종이 많아서 저마다 그 나무나 잎의 크기, 색깔, 모양이 다르다. 크게 대엽종大葉種과 소엽종小葉種으로 나뉘는데, 한중일韓中日 등 동아시아 지역의 차나무는 대부분 소엽종이고 인도 아삼Assam 등지의 차나무가 대엽종이다. 소엽종 차나무는 그 크기가 대개 2~3미터에 불과하지만 대엽종 차나무는 15미터 이상까지 자라기 때문에 대규모로 대엽종 차나무를 재배할 때에는 가지치기를 하여 그 키 높이를 조절해주어야 한다.

대엽종(아삼종)과 소엽종(중국종) 찻잎

마시는 차의 원료가 되는 차나무의 잎은 대체로 단단하고 두꺼우며 표면에 광택이 있다. 긴 타원형으로 생겼고 가장자리에 둔한 톱니가 있으며 끝과 밑 부분이 뾰족하다. 차나무의 잎은 푸른색이나 녹색으로 알려져 있지만 품

▶ 수령 800년이 넘는
중국 운남의 최고령 차나무

世界栽培型古茶树（八百余年）

西双版纳茶马古道茶业有限公司

二〇〇五年十月十八日立

차나무의 꽃과 열매

종에 따라 자주색이나 황색, 갈색을 띠는 경우도 있다. 어린잎이나 싹의 뒷면에는 부드러운 솜털이 있으며, 10월부터 11월 무렵에 흰색 또는 연분홍색 꽃이 핀다. 열매는 봄부터 자라기 시작하여 꽃이 피는 가을에 익기 때문에 꽃과 열매를 한 나무에서 동시에 볼 수 있으므로 차나무를 흔히 실화상봉수<sup>實花相逢樹</sup>라고도 부른다.

　사람들이 차를 음료로 이용하기 시작하면서 인위적인 차나무 재배도 시작되었으리라고 보는데, 중국의 전설에 따르면 염제신농씨<sup>炎帝神農氏</sup>가 차의 해독작용을 처음 파악한 것이 약 4,000년 전의 일이다. 이때부터 차의 음용이 시작되었고 한나라 때<sup>기원전 202~서기 220</sup>에 이르러 본격적으로 차나무를 재배하고 차를 만들어 마시기 시작했을 것으로 본다. 당나라 때618~907를 비롯한 초기의 차는 전차團茶, 벽돌차의 형태였으며, 오늘날 우리가 흔히 마시는 녹차綠茶는 송나라 때 960~1279에, 홍차紅茶는 명나라 때1368~1644에 시작되었다.

그렇다면 우리나라에서는 언제부터 차나무를 재배하기 시작했을까? 이에 관해서 논란이 있으나 『삼국사기三國史記』 제10권의 「흥덕왕興德王 신라본기新羅本紀」 조條에 '당唐에서 돌아오는 사신 대렴大廉이 차茶의 종자種子를 가지고 오니 왕이 지리산智異山에 심게 하였다'는 기록이 있다. 대렴이 당에 사신으로 갔던 해는 서기 828년이었고, 아무리 늦게 잡더라도 이때 이후부터는 우리나라에서도 차나무 재배가 시작되었음을 알 수 있다. 현대의 우리나라 차나무 재배는 중국 소엽종을 개량한 일본산 야부키타藪北를 1927년부터 경남, 전남, 제주에 이식하면서 시작되었다.

오늘날 홍차의 주산지가 된 인도의 경우 1788년부터, 스리랑카는 1875년부터, 그리고 인도네시아의 자바는 1884년부터 차나무를 재배하기 시작했다.

차의 두 번째 의미는 차나무의 어린잎을 가공하여 만든 마실 거리의 재료材料이다. 잎이나 가루, 혹은 덩이 형태를 하고 있으며, 이를 흔히 찻감이라고도 한다. '녹차를 만든다'거나 '보이차를 산다'고 할 때의 차는 이런 찻감으로서의 차를 지칭한다.

차의 세 번째 의미는 찻감을 끓이거나 우려내거나 물에 타서 마실 거리로 만든 찻물이다. '차의 향이 좋다'거나 '차를 마신다'고 할 때의 차는 이를 지칭한다. 여기서 유의할 것은 차나무의 잎으로 만든 찻감을 이용하지 않은 것은 엄밀한 의미의 차가 아니라는 점이다. 인삼차, 대추차, 꽃차, 허브티 등은 차나무 잎을 재료로 하지 않은 것이므로 엄밀한 의미의 차와는 구분되는 것이며, 이들을 흔히 대용차 代用茶라고 부른다.

이상에서 설명한 세 가지 의미는 차의 물질적인 측면을 밝힌 개념이다. 반면에 차의 정신적인 측면을 지칭하는 네 번째 의미도 있다. 정신적인 의미로서의 차는 법도에 맞는 차 생활을 통해 고요하고 지극한 경지에 이르러 묘경을 터득하는 것을 말하며, 차와 불가 佛家의 선 禪은 그 맛이 한 가지라는 뜻으로 흔히 인용하는 '다선일미 茶禪一味'나 조주 趙州의 '끽다거 喫茶去' 화두에 등장하는 차의 개념이 이것이다.

▶지리산의 차 시배지 기념 표석
(경남 하동)

## 🫖 홍차와 블랙 티 black tea

차나무로서의 차는 크게 대엽종과 소엽종, 혹은 중국종 var. sinensis 과 인도종 var. assamica 및 양자의 잡종으로 분류된다. 중국종 차나무와 인도종 차나무는 그 모양과 크기 등에서 큰 차이가 있으나 똑같이 차를 만들 수 있다는 점에서 같은 종의 변종으로 취급되고 있다. 중국종은 녹차에 적합하고 인도종은 홍차에 적합하다고 알려져 있으며, 인도종의 경우 추위에 매우 약하기 때문에 우리나라에서는 재배하기가 어렵다.

찻감으로서의 차는 흔히 그 모양에 따라 분류된다. 찻잎의 모양을 거의 그대로 간직한 차를 흔히 산차散茶라 하는데 우리말로 하자면 잎차요 한자어로 하자면 엽차葉茶다. 당나라 이후 마시기 시작한 전차塼茶는 우리말로 하자면 벽돌차에 해당되는데, 그 모양이 벽돌처럼 생겼기 때문에 붙여진 이름이다. 벽돌 외에 버섯이나 둥근 공, 동전 모양으로 긴압緊壓된 차도 있으며 이들을 두루 통칭하여 덩이차, 혹은 긴압차라 한다. 찻잎을 미세한 가루 형태로 만든 가루차도 찻감의 모양에 따라 분류된 명칭이며, 일본의 말차抹茶 찻감이 대표적이다.

음료로서의 차는 흔히 그 탕湯의 색色에 따라 분류되는데, 차의 탕색은 차를 만드는 방법인 제다법에 의해 결정되므로 탕색과 제다법은 불가분의 관계에 있다. 중국에서는 차를 그 탕색에 따라 흔히 백차白茶, 녹차綠茶, 황차黃茶, 청차靑茶, 홍차紅茶, 흑차黑茶의 여섯 가지로 분류한다. 홍차라는 명칭은 이처럼 탕색에 따라 분류한 여섯 가지 차 가운데 하나임을 알 수 있고, 홍차가 홍차인 것은 기본적으로 제다법이 여타 차들과 다르기 때문임을 짐작할 수 있다.

　백차白茶는 문자 그대로 탕색이 백색白色에 가까운 차이며, 솜털이 덮인 어린잎을 따서 덖거나 비비지 않고 그대로 말려서 만든 차이다. 중국의 백호은침白毫銀針이라는 차가 유명하다.

　녹차綠茶는 찻잎을 따자마자 바로 증기로 찌거나 솥에 덖어서 발효酸酵가 일어나지 않도록 해서 만든 차다. 찻물이 녹색에 가깝게 우러나기 때문에 녹차라 하며, 중국의 자순차紫筍茶나 서호용정西湖龍井이 유명하고, 일본인들이 많이 마시는 말차 역시 녹차의 일종이다. 우리나라의 하동이나 보성에서 주로 생산하는 차 역시 이것이며, 티백 형태의 소위 '현미녹차'는 녹차에 고소한 맛을 내는 현미玄米를 섞은 혼합차라고 할 수 있다.

　황차黃茶는 잎을 채취한 뒤 찻잎을 쌓아두는 퇴적堆積의 과정을 거친 차로, 이 과정에서 찻잎의 성분 변화가 일어나고 엽록소가 파괴되어 탕색이 황색을 띠게 된다. 쓰고 떫은맛을 내는 찻잎 속의 카테킨 성분이 줄어들기 때문에 맛은 더 순하고 부드러워진다. 황차는 찻감의 색과 탕색, 우려내고 난 찻잎 찌꺼기의 색이 모두 황색이다. 중국의 곽산황아藿山黃芽 등이 대표적인 황차에 속한다.

청차靑茶는 녹차와 홍차의 중간 정도로 발효시킨 반半발효차이다. 중국의 복건성과 광동성, 대만 등에서 많이 생산되며 중국의 철관음鐵觀音이나 대만의 동정오룡凍頂烏龍 등이 유명하다.

흑차黑茶는 찻잎이 흑갈색을 띠고 탕색은 갈황색이나 갈홍색에 가까워 홍차보다 훨씬 진하다. 차를 완성한 뒤에도 발효가 계속되는 후後발효차이며, 이런 이유로 오래된 차일수록 그 가치가 올라가기도 한다. 몇 년 전 선풍적인 인기를 끌었던 보이차普洱茶가 가장 대표적이다.

마지막으로 홍차紅茶는 발효 정도가 80% 이상인 강强발효차로, 떫은맛이 강하고 탕색은 홍색을 띤다. 세계에서 소비되는 차의 75%가 바로 이 홍차이며, 찻잎만을 그대로 우려마시는 스트레이트 티와 우유를 첨가해 마시는 밀크티 형태로 많이 음용된다. 홍차 다음으로 많이 소비되는 차는 녹차로 전체 차 소비량의 20%를 차지하며, 나머지 5%를 백차, 황차, 청차, 흑차 등이 점유하고 있다.

홍차는 한중일 등의 동아시아 지역에서도 소비되지만 유럽과 아메리카 등지에서 더 많이 소비되고, 이들이 말하는 티tea는 통상 일반적인 의미의 차가 아니라 바로 이 홍차를 의미한다. 굳이 다른 차와 대비하여 말할 때는 블랙 티black tea라고 하는데, 이는 탕색이 아니라

▶차의 다양한 탕색

만들어진 찻잎의 색이 흑색에 가깝기 때문이다. 홍차紅茶라는 용어는 탕색에서, 블랙 티라는 용어는 찻잎의 색에서 유래한 것으로, 이미지는 다르지만 같은 차를 지칭하는 것이다.

차의 종류를 소개하면서 불발효, 반발효, 후발효 등의 용어가 등장했는데 이는 찻잎의 발효 정도와 순서를 염두에 두고 차를 분류할 때 사용하는 용어들이다. 차의 발효란 적당한 온도와 습도에서 찻잎의 폴리페놀polyphenols에 찻잎 세포의 산화효소oxydase가 작용, 황색의 테아플라빈theaflavins과 자색의 테아루비긴thearubigins 등으로 변화하는 과정을 말한다. 이로써 찻잎은 독특한 향과 맛을 띠게 되고 탕색에도 변화가 일어나게 되는 것이다. 이러한 발효의 과정을 거의 거치지 않은 차가 불不발효차, 절반 이하로 약하게 발효시킨 차가 약翳발효차, 절반 정도 발효시킨 차가 반半발효차, 절반 이상 강하게 발효시킨 차가 강强발효차, 80% 이상 충분히 발효시킨 차가 발효차이며, 발효를 일으키는 효소를 파괴시킨 후에도 미생물을 이용하여 발효를 일으킨 차가 후後발효차이다.

불발효차는 20% 미만의 발효 정도를 유지하는 차로, 찻잎을 따자마자 솥에 덖거나 뜨거운 증기로 쪄서 산화효소의 작용을 억제시킨 차이다. 우리가 흔히 마시는 녹차나 일본의 말차, 용정차나 벽라춘碧螺春 등이 이에 해당한다.

반발효차는 20~70% 정도 발효시킨 차를 말하며, 채취한 찻잎을 햇볕이나 그늘에서 시들게 하고 흔들어주어 찻잎 속의 일부 성분이 산화되게 한 차이다. 독특한 향기가 일품이고, 여기에는 약발효차와 강발효차도 포함된다. 20~25% 정도 발효시킨 재스민 차, 30~40% 발효시킨 포종차包種茶, 60~70% 발효시킨 우롱차烏龍茶 등이 있다.

발효차는 80% 이상 발효시킨 차로, 찻잎을 햇볕에 말리면서 손으로 비벼 잎 속에 들어 있는 효소의 활동을 촉진시켜 만든 차다. 홍차가 대표적이다.

후발효차는 녹차의 제다 방법과 같이 효소를 파괴시킨 뒤 찻잎을 퇴적하여 공기 중에 있는 미생물의 번식을 유도, 미생물에 의한 후발효가 일어나게 만든 차이다. 황차와 보이차, 흑차 등을 이런 방식으로 만든다.

## 🫖 차의 기원과 전파

오늘날 차는 세계인이 즐기는 공통 음료 중의 하나다. 그렇다면 이런 차는 언제 어디서 누가 처음 마시기 시작했을까?

차의 기원에 관한 이야기는 전설의 시대인 염제신농씨 시절로 거슬러 올라간다. 신농神農은 '소의 머리에 사람의 몸을 하고 있었다. 세 살에 농사의 이치를 깨달았으며 성장 후 키는 8척 7촌이었고 용의 얼굴에 큰 입술을 가지고 있었다'고 묘사되는 전설상의 인물이다. 그러므로 차의 신농씨 기원설은 역사라기보다는 전설이라고 보아야 한다.

전설에 따르면 기원전 2737년에 신농은 100가지 풀을 맛보고 있었는데, 데리고 다니던 장서獐鼠, 노루와 쥐가 파두巴豆, 독성이 강해 설사를 일으키는 콩의 일종를 먹고 설사병에 걸렸다고 한다. 다행히 장서는 어떤 나무의 잎에서 떨어지는 이슬을 먹고 독이 해독되어 다음날 건강이 회복되었다고 하는데, 이것이 차나무였다는 것이 전설의 요지다. 또 다른 전설에 따르면 신농이 우연히 끓는 물에 떨어져 우러난 찻잎의 맛을 보고 차를 처음 알게 되었다고도 한다. 이런 전설은 후대로 오면서 역사의 옷을 걸치게 되는데, 중국인들이 신농씨의 시대라고 주장하는 때로부터 3,000년도 더 흐른 뒤에 발간된 『신농본초경神農本草經』에는 '신농이 인간에게 유익한 양식과 약초를 찾고자 100가지 풀을 맛

신농씨와 달마

보다가 하루는 그만 72가지 독에 중독되었는데 차나무 잎을 먹어서 그 독을 풀었다'라고 기록되어 있다. 학술적인 의미는 비록 찾기 어려우나 차가 그만큼 오래된 음료이자 해독작용이 뛰어난 음료로 받아들여졌음을 짐작할 수 있다.

우리에게도 익숙한 승려 달마達磨에게서 차가 시작되었다는 주장도 있다. 달마가 우연히 찻잎을 씹어 먹으니 졸음이 달아나고 머리가 맑아지는 효과를 보았다고도 하고, 졸음을 이기지 못하는 자신에게 화가 난 달마가 눈꺼풀을 잘라 뜰에 던졌는데 거기서 차나무가 자라났다고도 한다. 차의 신비함을 더해주는 이야기일 뿐 학문적 엄밀성과는 거리가 먼 기원설이다.

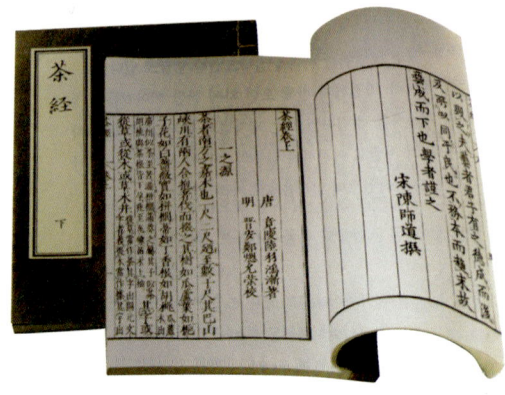
세계 최초의 차 전문서인
육우의 『다경』

　학문적으로 비교적 엄밀하게 차의 기원을 밝히고자 노력한 책으로는 당나라 시대 육우陸羽, 727?~808?가 저술한 『다경茶經』이 있다. 거기서 육우는 신농을 언급하는 한편 한漢나라 이전에도 차를 마신 고사가 있다고 언급했다. 하지만 앞서 살펴본 것처럼 신농은 전설상의 인물이고, 육우가 인용한 고대의 사료들은 그 성립 연대가 불분명하여 역시 사료적 가치가 크지 않다.

　육우의 『다경』 외에 차의 가장 오래된 모습을 전하는 기록으로는 전한前漢의 선제宣帝 때 왕포王褒라는 선비가 만든 노예매매 계약서인 「동약僮約」이라는 문서가 있다. 기원전 59년에 작성된 이 계약서는 양혜楊惠라는 과부의 전前 남편이 거느리던 편료便了라는 남자 종을 왕포가 1만 5,000냥에 사온다는 것이 핵심이다. 그리고 거기에 종인 편료가 할 일이 적혀 있는데, 무양武陽에 가서 차를 사오는 일과 손님이 오면 차를 달여서 대접하는 일도 포함되어 있다. 이로써 차 마시는 풍습이 전한 시대에 있었음을 알 수 있다.

이렇게 시작된 중국의 음다 풍습은 육우가 활동하던 당나라 시대를 거치면서 크게 부흥했고, 이 무렵에 우리나라와 일본에도 차나무가 전래되었다.

일본의 경우 당나라 유학승 구카이空海가 806년에 차 씨앗을 들여와 히요시다원日吉茶園을 만들었다는 이야기가 전하나 기록이 확실한 것은 아니며, 대략 12세기 초에 유학승 에이사이榮西가 중국에서 많은 양의 차 씨앗을 들여와 차나무 재배가 본격화되었다는 것이 정설로 받아들여지고 있다.

이처럼 중국차는 당나라 때부터 주변 국가로 전파되었다. 이조李肇가 쓴『당국사보唐國史補』에 의하면 티베트에서는 찬보왕贊普王 때781에 이미 당나라의 수주차壽州茶, 서주차舒州茶, 고저차顧渚茶 등을 마시고 있었다고 한다. 티베트에 중국차가 처음 유입된 것은 당나라 왕실의 공주인 문성공주文成公主, 625?~680가 티베트의 초대 국왕인 송찬간보松贊幹布에게 시집을 가면서부터일 것으로 추정된다. 당시 당나라의 선진 문물이 티베트에 대량으로 유입되었고, 그 가운데 차도 포함되어 있었을 것으로 보는 것이다. 몽골의 경우 중원을 지배했던 원元나라 시대인 13세기에 차가 전파되었다.

이렇게 아시아 전역으로 전파된 차는 마침내 16세기에 이르러 유럽에까지 전파되었다. 유럽 사람들에게 중국차를 처음 소개한 인물은 베네치아의 저술가인 G. 라무시오Giovanni Battista Ramusio, 1487~1557였다. 그의 사후1559에 출간된 세 권의 저서 『항해와 여행Navigationi e Viaggi』에서 라무시오는 '중국에서는 나라 안 도처에서 차를 마신다. 열병, 두통, 관절의 통증에 효과가 있다. 통풍은 차로 치료할 수 있는 병 가운데 하나다. 과식했을 때에도 이 달인 물을 마시면 소화가 된다'고 적고 있다.

이어서 네덜란드의 동양 연구가인 린스호틴Jan Huyghen van Linschoten, 1563~1611은 『포르투갈인의 동방항해기』1595에서 일본차를 상세히 소개했다. 젓가락두 개의 작은 나무 막대기으로 식사를 하며 쌀로 빚은 술을 마신다고 소개하고, 이어서 식사 뒤에는 '어떤 특이한 음료'를 마시는데, '이것은 작은 항아리에 담긴 뜨거운 물로 여름이건 겨울이건 참을 수 없을 정도로 뜨겁게 해서 마신다'고 설명했다. 그러면서 일본인들은 이것을 '차'라고 부르며 약초를 가루 내어 맛을 낸 이 뜨거운 물을 대단히 중시한다고 부연했다. 나아가 유럽인들이 보석을 중시하는 것처럼 일본인들은 이 차를 매우 귀하게 여긴다고도 설명했다.

린스호틴과 비슷한 시기에 활동하던 이탈리아의 수도사 마테오 리치Matteo Ricci, 1552~1610는 서간書簡에서 중국차와 일본차의 차이를 설명하기도 했는데, 그에 따르면 '일본인은 찻잎을 가루 내어 2~3스

푼 넣고 뜨거운 물을 부은 후 휘저어 마시는 반면, 중국인은 찻잎을 뜨거운 물이 든 항아리에 넣어 우려낸 후 그 물을 마시고 찻잎은 남긴다'고 했다.

이렇게 서서히 그 정체를 드러내기 시작한 동양의 차는 1609년부터 세계의 해상 제패권이 에스파냐와 포르투갈에서 네덜란드와 영국으로 넘어가면서 본격적으로 유럽에 전파되기 시작했다. 두 나라의 동인도회사는 동양의 차를 유럽 각국에 운반하는 한편, 동남아시아에서의 차 재배에도 손을 대었다.

먼저 네덜란드의 동인도회사는 1610년에는 일본차를, 1637년에는 중국차를 실어갔으며, 스칸디나비아 제국과 독일, 프랑스, 영국 등지에도 차를 전파시켰다. 프랑스에는 1648년에, 독일에는 1635년에, 영국에는 1630년대 중반에 네덜란드의 동인도회사를 통하여 차가 전파되었다. 그 뒤 영국은 홍차 문화의 발상지가 되었고 으뜸가는 차의 소비국이 되었다.

러시아의 경우 명明나라에서 돌아온 여행가인 I. 메트로프와 B. 얄리셰프에 의하여 중국의 차가 처음 알려졌다. 그 후 중국차는 청淸나라 태조의 사신에 의하여 1618년 모스크바에 유입되었다. 이후 러시아는 중국과 네르친스크조약1689 및 캬흐타조약1727을 체결하고, 낙타로 중국의 차나무를 수입하여 1847년에 그루지야에서 첫 차나무

러시아의 독특한 다관인 사모바르

재배에 성공했다.

미국의 경우 17세기 중엽 네덜란드 출신 이민자들이 뉴암스테르담에 이주하면서 차가 전파되었고, 서부아시아의 아프가니스탄, 이란, 터키 등에는 19세기에 러시아의 독특한 다관茶罐인 사모바르samovar에 의한 음다풍습飮茶風習이 전파되었다. 아라비아의 무역상은 9세기에 이미 중국차의 존재를 알고 있었다고 하며, 시리아와 레바논의 경우에는 1930년경에 영국식 홍차를 마시기 시작했다.

동남아시아 지역의 차 재배는 유럽인의 식민지 시대에 시작된 것이다. 인도네시아의 경우 1823년에 일본에 살던 P. F. 시볼드로 하여금 일본의 차 씨앗을 수입하게 하여 블루메가자바의 식물원에 심게 하면서 차나무 재배가 시작되었다.

인도의 경우는 조금 복잡한데 브라만교의 경전인 『베다』에 이미 차에 관한 내용이 들어 있고, 인더스 골짜기에서는 기원전 300~200년경부터 차를 마셔왔다는 이야기가 전한다. 하지만 인도가 세계 최대의 차 생산국이 된 것은 영국 동인도회사의 R. 브루스 형제가 1823년에 아삼 지방에서 차나무를 발견하게 되면서부터였다.

## 🫖 중국 홍차의 유럽 전파

홍차의 종주국은 중국이다. 인도가 세계 최대의 홍차 산지가 되고 영국이 홍차 문화의 선두주자가 되어 있지만 최초로 홍차를 만들고 음용한 것은 중국인들이었다.

최초에 홍차가 어떻게 만들어졌는가를 두고 세간에는 그릇된 속설이 하나 퍼져 있는데, 중국의 녹차를 유럽까지 배로 운반하는 과정에서 고온다습한 인도양의 적도 부근을 건너는 동안 차가 발효되어 본의 아니게 홍차가 탄생하게 되었다는 이야기가 그것이다.

하지만 이는 완전히 잘못된 것으로, 네덜란드의 동인도회사가 처음으로 중국의 차를 유럽으로 운반하기 시작한 1637년에는 중국에 이미 홍차가 존재하고 있었고, 또 당시의 중국 녹차는 산화효소의 활성이 열로 완전히 정지된 '덖음차'였기 때문에 적도든 인도양이든 어디를 통과하더라도 추가 발효는 일어날 수 없는 것이었다.

중국에서 발효차가 만들어지기 시작한 것은 10세기경의 일이고, 17세기 초에는 이미 복건성 일원에서 홍차가 만들어지고 있었다. 오각농吳覺農의 『다경술평茶經述評』에 따르면 중국의 홍차는 1610년에 복건성의 무이산武夷山에서 처음 만들어지기 시작했다고 한다. 다만 그 생산량이 많지 않았기 때문에 유럽인들이 초기에 수입해간 중국차는 홍차가 아닌 녹차였으며, 18세기 초반을 거치면서 유럽인들의 기

호가 녹차에서 홍차로 크게 일변한 것으로 파악된다. 18세기 중엽에 유럽인들이 중국에서 들여간 차의 대부분은 이미 홍차로 바뀌어 있었다.

이렇게 유럽인들의 기호가 바뀌게 되자 중국의 차 산업 종사자들은 홍차 생산에 더욱 열을 올리게 되었고, 이런 과정에서 탄생한 세계 3대 홍차 중의 하나가 안휘성 기문현에서 생산되기 시작한 기문홍차祁門紅茶였다. 기문은 당나라 때부터 차를 생산하던 지역이었으나 1784년까지는 녹차만을 생산하고 있었다. 그러다가 복건성의 관리였던 여간신余干臣이라는 사람이 복건성에서 생산되는 공부홍차工夫紅茶가 이익이 많이 남는 것을 보고 복건성에 제다공장을 세우는 한편

안휘성의 기문에도 홍차공장을 세우게 되면서 기문홍차가 탄생하게
되었다.

중국의 홍차 가운데 유럽인들을 매료시킨 또 하나의 홍차는 정산
소종正山小種, Lapsang Souchong으로, 이는 복건성의 무이암차武夷岩茶를 진
화시킨 특수한 홍차다. 솔잎 태운 향을 가미한 홍차로 독특한 향미를
자아내 1870년대에는 유럽 시장을 석권할 정도였으며 지금도 영국
의 일부 상류층에서 찾아 즐기는 홍차다.

## 영국 홍차 문화의 발달

유럽의 차 문화는 중국의 차가 포르투갈의 선교사들에 의해 17세기 초에 네덜란드의 암스테르담에 전래되면서 시작되었다. 이후 네덜란드의 동인도회사는 일본과 중국의 차를 차례로 수입하여 유럽 긱지에 전파시켰다. 동양의 차는 유럽인들을 단박에 매료시키며 상류 문화의 하나로 자리를 잡아가기 시작했다. 물론 반발도 만만치 않아서 17세기의 네덜란드에서는 끽다망국론喫茶亡國論까지 일 정도였다. 상류층 귀부인들이 지나치게 사치스럽고 화려한 티 파티tea party에 젖어 있다는 비판이었다. 18세기의 영국에서도 차를 마시는 것은 시간 낭비이자 사치이며 사람을 나약하게 만든다는 등의 비판이 거세게 일어났다. 당시 스코틀랜드에서는 '남성적인 맥주가 더 좋다. 차를 마시지 말자'는 내용의 결의안이 채택되기도 할 정도였다.

그러나 이런 비판들에도 불구하고 차는 유럽 전역에 두루 전파되

영국 런던의 동인도회사

1660년경 런던 템스 강의 동인도회사 선박들

최초의 차 판매점인 커피하우스 '개러웨이스'. 이 건물은 런던대화재 후 신축한 것이다.

었으며, 특히 영국에서 그 절정을 맞이했다. 영국의 경우 1630년대에
처음 차를 받아들였고, 1657년에는 이미 최초의 차 판매점이 생겨났
다. 담배 가게를 겸한 개러웨이Garaway의 커피하우스가 그것이다. 여
기서는 찻잎과 차를 대중에게 판매했다. 재미있는 에피소드도 있는
데, 초창기의 커피하우스에서는 차를 작은 통에 담아 판매했다고 한
다. 이것이 생맥주를 파는 것 같다고 여겼는지 사람들은 차를 '중국
맥주'라고 부르기도 했다. 영국의 커피하우스에서는 여성의 출입이
제한되었는데, 이에 불만을 가진 여성들이 청원서를 제출한 적도 있
었다. 이때 등장한 홍차는 여성들의 전폭적인 지지를 받게 되었고 홍

영국에 차를 보급시킨 캐서린 왕비

차가 커피의 자리를 대신하게 되기에 이르렀다.

1662년에 영국의 찰스 2세에게 포르투갈의 캐서린 브라간자 Catherine de Braganza 공주가 시집을 오면서 차를 즐기는 이들의 수는 더욱 늘어나게 되었다. 또한 18세기 중반의 산업혁명을 거치면서 중산층이 차를 즐기게 되자 영국은 최대의 차 수입국이 된다.

이렇게 차의 수요가 폭발하자 영국 정부는 자국 내에서 차를 재배할 수 없을까를 고민하게 되었다. 하지만 별 특별한 묘수를 찾아내지 못했다. 당시 중국은 차의 재배와 제다 등 차와 관련된 기술을 일종의 국가 기밀로 취급한 채 공개하지 않고 있었던 것이다. 그러다가 1848년에 이르러 식물학자 로버트 포춘 Robert Fortune이 중국으로 건너갔다. 그는 몽골의 고관으로 변장하여 중국 본토로 들어가 차 종자와 차 재배기술을 몰래 빼내 왔다. 가져온 종자들을 인도에 심었으나 처음에는 난항을 겪었다. 그러다가 다즐링 Darjeeling 지역에서 재배에 성공했고 이로써 다즐링 홍차가 탄생하게 되었다. 영국이 식민지를 늘려가면서 스리랑카 지역에서는 유명한 실론 티 Ceylon tea가 탄생하기에 이른다.

17세기에 처음 영국으로 건너온 차는 18세기 초에 왕실의 음료가 되었고, 18세기 중엽에서 19세기 사이에는 중류 사회로 확산되었으며, 19세기 후반에는 서민 사회에까지 확장되어 이른바 영국의 국민 음료라 할 수 있는 입지를 확연히 굳혔다.

홍차의 역사에서 입지전적인 인물을 한 명 꼽으라면 단연 T. J. 립턴Thomas Johnstone Lipton, Sir Thomas Lipton, 1850~1931일 것이다. 립턴을 노란색으로 포장된 상품의 이미지로만 기억하는 사람들이 많을 테지만, 립턴은 홍차 부흥의 상징이나 다름없는 인물이다.

토머스 립턴은 1850년 스코틀랜드에서 태어났으며, 어려서부터 상업에 탁월한 수완을 보였다고 한다. 큰 손을 가진 아버지보다는 작은 손을 가진 어머니가 달걀을 손에 쥐고 파는 것이 유리하지 않겠느냐고 제안했다는 일화가 전해진다.

청소년기를 열심히 일하면서 보낸 토머스는 스물한 살이 되어 글래스고에 자신의 가게를 열기에 이른다. 이 가게는 아일랜드 식료품

**립턴의 초창기 광고지**

점이었다. 어릴 때부터 재기가 넘쳤던 토머스는 남다른 아이디어로 선전을 하며 점포 수를 20개로 늘려갔다.

립턴은 홍차를 좀 더 싸게 팔기 위해 궁리했고 이러한 전략은 맞아떨어졌다. 이를 계기로 립턴은 본격적인 홍차 상인의 길로 접어든다. 립턴은 홍차를 포장해서 판매했는데 이것이 홍보 효과를 거두었다. 또한 런던의 경수硬水와 스코틀랜드의 연수軟水에 각각 맞추어 브랜드를 따로 만들어낸 것이 고객들의 호감을 샀다.

립턴은 실론에도 진출하여 홍차 산업을 위해 투자하고 다원을 경영했으며, 콜롬보에 홍차 공장을 세워 홍차를 대량 생산하고 수출했다. 이때 그가 채택한 선전 문구가 '다원에서 직접 티포트로Direct from the tea garden to the teapot'였다.

# 🫖 티 파티, 애프터눈 티, 티타임

유럽의 티 파티는 포르투갈에서 영국으로 시집을 온 캐서린 공주로부터 시작되었다. 당시 영국에는 없던 차와 설탕을 이용한 티 파티는 음주의 악습에 시달리던 영국인들(특히 상류사회의 부인들)에게 매우 신선하게 다가왔고, 이처럼 왕실과 귀족들의 사교 모임에서 시작된 티 파티는 서민층으로까지 점차 확대되었다. 유럽 왕실과 상류 사회의 티 파티는 당연히 호화롭고 사치스럽게 진행되었다. 하지만 처음부터 꼭 우아하고 고급스런 것만은 아니었다.

'한 잔의 차ₐ cup of tea'라는 말은 누구나 들어보았을 테지만 '한 접시의 차ₐ dish of tea'라는 말은 대부분의 사람들에게 생소할 것이다. 그런데 초기의 유럽 왕실과 상류 사회에서는 이처럼 차를 잔이 아니라 접시에 담아 마셨다고 한다. 마치 접시에 담긴 물을 핥아먹듯이 차를 마셨다는 것이다. 당시 찻주전자의 부리에는 거름망이 없어 차를 따를 때 찻잎이 그대로 쏟아졌다. 그래서 사람들은 차를 마실 때 찻잔이 아닌 접시에 차를 따라 놓고 혀로 핥아 먹었다. 접시에 차를 부으면 찻잎을 거르기 쉽고 뜨거운 차를 식히기 쉽다고는 하지만 다소 우스꽝스러운 광경이 연출되었을 것이다.

이를 바탕으로 1701년에 암스테르담에서는 <티 파티에 초빙된 귀부인들>이라는 제목의 코미디극을 상연하기도 했다. 이 가운데 차

귀족들의 티 파티 장면

를 마시는 광경을 묘사한 대목이 특히 흥미롭다.

　귀부인들은 차를 찻잔으로 마시는 것이 아니고, 먼저 차를 찻잔에 받은 다음, 그것을 일부러 받침 접시에 부어 소리를 내면서 핥듯이 먹었다. 이렇게 차를 소리를 내면서 마시는 것은 값진 차를 내주신 주인에 대한 감사의 표시요, 예의 바른 행위라 생각했던 것이다. 티 파티에서 나누는 화제는 차와 티 푸드에 관한 얘기에 한하는 것이 관례였다. 참석자들은 대체로 열 잔에서 심지어는 스무 잔까지 마시는 사람도 없지 않았다. 차 마시기가 끝나면 브랜디가 나오는데, 부인들은 브랜디를 마시면서 파이프로 담배를 피웠다.

　애프터눈 티afternoon tea는 제7대 베드포드 공작부인7th Duchess of Bedford인 애나 마리아 스턴홉Anna Maria Stanhope, 1788~1861에 의해 시작되었다. 당시 영국에서는 아침은 푸짐하게 먹고 점심은 간단하게 때웠으며 저녁 식사 시간은 오후 8시였다. 당연히 오후 시간이면 배가 고파질 수밖에 없었다. 어느 날 오후 5시에 베드포드 공작부인은 '축 가라앉는 기분sinking feeling'이 든다며 하녀에게 차를 포함한 다과를 준비시켰다. 부인은 오후에 마시는 차가 기분 전환에 도움이 된다는 것을 알게 되었고, 다과회에 친구들을 초대하기 시작했다. 이러한 모임은 런던 전역으로 퍼져 나가기 시작했고 이것이 애프터눈 티의 출발점이 되었다. 영국에서 애프터눈 티에 초청되는 것은 우정의 시작을 의미한다.

애프터눈 티는 홍차와 우유, 샌드위치, 스콘, 클로티드 크림clotted cream, 저온살균 처리를 거치지 않은 우유를 가열하면서 얻어진 노란색의 뻑뻑한 크림, 잼, 케이크, 비스킷, 타르트, 초콜릿 등으로 구성된다. 간편하게 즐길 수 있는 핑거 푸드finger food가 티 푸드tea food의 대부분을 차지한다.

애프터눈 티는 로우 티low tea라고도 하는데 여기에서 '로우low'란 가볍다는 의미로, 가벼운 간식을 곁들여 마시는 차라는 의미다.

영국인들은 오후에만 차를 마시는 것이 아니라 하루 총 7~8회나 티타임tea time을 갖는다.

아침 6시에 일어나 하루 중 가장 먼저 만나는 차는 얼리 모닝 티early morning tea라고 한다. 침실에서 마시는 차여서 베드 티bed tea라고

티 푸드와 함께하는
애프터눈 티타임

도 하며, 남편이 아내를 위해 준비하는 것이 보통이다. 브렉퍼스트 티breakfast tea는 아침 7시 즈음에 식사와 함께 즐기는 차다. 베이컨, 계란, 빵, 쿠키 등 푸짐한 음식과 함께 즐긴다. 일레븐즈 티elevenses tea는 오전 11시에 가볍게 마시는 차다. 주부들이 가사를 하다 잠시 쉬는 타임이기도 하다. 미드 티mid tea, lunch tea는 점심식사와 함께 즐기는 차로, 달콤한 과일 홍차나 섬세한 향의 꽃차를 많이 마신다.

미드 티 다음이 애프터눈 티로, 귀족층에서 시작된 만큼 화려하고 푸짐하게 즐기는 티타임이 특징이다. 그 다음이 하이 티high tea인데, 고기류가 함께 제공되어 미트 티meat tea라고도 한다. 하이 티는 서민들이 즐기던 티타임이었는데 요즈음 들어서는 거의 사라지는 추세다.

애프터디너 티after dinner tea는 말 그대로 저녁식사를 마친 후에 즐기는 차이다. 티 푸드로 초콜릿이나 쿠키를 곁들여 마시거나, 위스키나 브랜디를 넣어 마신다. 주로 남성들의 사회적 티타임이다. 마지막으로 나이트 티night tea는 잠자리에 들기 전 차에 따뜻한 우유를 넣어 마신다.

## 🫖 홍차 전쟁과 티 클리퍼

영국을 비롯한 유럽인들이 너나없이 하루에도 수차례씩 차를 즐기게 되자 중국의 입장에서 차는 자원이 되었고 영국을 비롯한 유럽인들에게는 필수불가결한 고가의 사치품이 되었다. 당연히 이를 둘러싼 경쟁과 암투가 없을 수 없었고, 그 와중에 두 차례의 전쟁까지 벌어졌다. 미국의 독립전쟁이 그 하나이고 영국과 중국 사이의 아편전쟁이 또 다른 하나였다. 물론 홍차 한 가지 문제만으로 벌어진 전쟁들은 아니지만 전쟁의 가장 주요한 원인 가운데 하나가 바로 홍차였고, 그런 면에서 홍차 전쟁이라 해도 과언이 아닐 것이다.

미국인들은 네덜란드에서 이민을 온 사람들을 통해 처음 차를 접했고, 이어 영국인들을 통해 홍차를 접하게 되었다. 미국인들 역시 붉은빛의 탕색을 지닌 홍차를 선호했다. 암울한 식민지 백성들에게 한 잔의 따뜻한 홍차는 큰 위로가 되었고, 미국은 차를 대량으로 소비하게 되었다. 하지만 영국의 동인도회사가 공급하는 홍차는 그 가격이 너무나 비쌌기 때문에 일반인들에게는 적지 않은 부담이 되었다. 식민지의 가난한 백성들은 영국 동인도회사의 비싼 홍차 대신 네덜란드 등을 통해 비교적 값싼 홍차를 밀수하여 마실 수밖에 없었다.

이렇게 되자 당연히 동인도회사의 수입도 줄고 영국의 재정도 축

나게 되었다. 이에 1773년 12월을 기해 당시 영국의 총리였던 프레데 릭 노스Frederick North는 소위 '차 칙령'을 발표하게 되는데, 그 내용은 미국에 차를 팔 자격은 영국의 동인도회사에게만 있다는 것이 핵심 이었다. 이에 저렴한 차 구입 루트를 빼앗긴 미국의 차 상인들과 영 국의 식민 지배에 반기를 들 준비를 하고 있던 독립꾼들은 '보스턴 차 사건Boston Tea Party'을 일으켰다. 주동자인 새뮤얼 애덤스Samuel Adams 를 위시한 50여 명의 주민과 상인들, 반反영국 급진파들은 인디언으 로 위장하고 보스턴 항에 들어온 동인도회사의 배 세 척에 올라가 342상자1만 5,000~1만 8,000파운드 상당의 차를 바다에 던져 넣었다. 보스턴 항구는 그야말로 하나의 '거대한 찻주전자'가 되어버렸다.

영국은 이에 손해 배상을 청구하며 더욱 강력한 탄압 태세에 돌입

했으나, 미국은 이를 단호히 거절했다. 이어 미국인들은 혁명정부를 구성하고 1775년에 독립전쟁을 일으켜 마침내 1776년 7월 4일 독립을 선언하기에 이른다. 차에 붙인 과도한 세금이 보스턴 차 사건을 유발시켰고, 이것이 미국 독립전쟁의 도화선이 되었던 것이다.

홍차와 관계된 또 하나의 큰 전쟁은 영국과 중국 사이에 벌어진 아편전쟁1840~1842이었다. 당시 영국의 동인도회사는 중국에서 차를 들여올 자금을 마련하기 위해 인도산 아편을 중국인들에게 판매하고 있었는데, 이렇게 되자 중국에서는 아편이 급속도로 퍼져 아편굴이 속속 생겨났으며 아편을 피우는 사람들이 셀 수 없을 정도로 늘어났다. 아편은 관청, 심지어는 군대 안으로도 퍼져 국가적인 골칫거리가 되었다.

아편의 수요 증가로 인해 당시 중국의 화폐였던 은銀의 가격이 천문학적으로 뛰어올랐고 중국 사회는 커다란 혼란에 빠졌다. 이에 중국 황제는 아편의 밀수를 엄격히 단속할 것을 지시했고, 중국 관원들이 영국 동인도회사의 선박에서 아편을 몰수한 사건을 계기로 영국과 중국 사이에 전쟁이 벌어지게 되었다. 아편전쟁이라는 명칭에서도 드러나듯이 이 전쟁의 일차 원인은 아편문제였다. 하지만 영국인들이 기를 쓰고 인도산 아편을 중국에 밀수출한 가장 큰 이유 가운데 하나가 바로 차를 구입할 대금을 마련하기 위한 것이었다는 점에

서 홍차와 무관치 않은 전쟁이었다.

　이렇게 홍차를 둘러싸고 아시아와 유럽과 아메리카가 경쟁을 벌이는 와중에 나타난 쾌속 범선이 소위 티 클리퍼tea clipper다. 19세기의 오대양을 주름잡던 쾌속 범선이 클리퍼인데, 인도의 아편을 중국으로 운반하던 오피엄 클리퍼opium clipper, 오스트레일리아에서 유럽으로 양모를 운반하던 울 클리퍼wool clipper 등 여러 종류가 있었다. 티 클리퍼는 이런 클리퍼들을 대표하는 범선으로 중국의 홍차를 유럽으로 운반하는 역할을 수행했다. 중국 남부에서 런던까지 여러 나라의 티 클리퍼들이 100여 일 안에 도달하기 위해 서로 경쟁을 벌여 더욱 유명했다. 클리퍼는 1869년에 수에즈 운하가 개통되고 기선이 발달하면서 역사 속으로 사라졌다.

# part.2
# 홍차의 산지와 명품 홍차

홍차는 아시아와 아프리카의 아열대 기후 지역을 중심으로 생산된다. 인도의 생산량이
가장 많고 그 다음이 스리랑카이며, 스리랑카는 최대의 홍차 수출국이기도 하다. 주요
홍차 생산국과 명품 홍차 산지(産地)들을 살펴보자.

## 🫖 중국·한국·일본의 홍차

차의 종주국인 중국의 경우 16세기부터 유럽으로 홍차를 수출하기 시작하면서 유럽인들의 다양한 기호를 반영한 여러 형태의 명품 홍차들을 생산하고 있다.

먼저 안휘성의 기문祁門에서는 세계 3대 홍차 가운데 하나로 꼽히는 기문 홍차가 생산된다. 기문 홍차는 중국에서도 귀족들만 즐기는 고급차로 취급되었다. 이 지역은 당나라 때부터 녹차를 생산하던 곳

으로, 아삼종보다 잎이 작고 타닌 성분이 적은 소엽종을 많이 재배한다. 6~8월에 수확하며 8월에 생산된 차가 품질이 가장 뛰어나다. 안휘성 황산 지방에서 나오는 대부분의 홍차가 기문 홍차의 이름으로 유통되는데, 제조 과정에서 특별히 정교하

기문 홍차

고 섬세하게 정성을 기울인 차는 공부홍차 工夫紅茶라고 불린다.

맛이 부드럽고 은은하며 탕색은 주황빛이고, 과일향과 난초향, 또는 훈연향燻煙香, 그을음 향이 나는 것이 특징이다. 기문 홍차는 '중국차의 버건디burgundy, 부르고뉴 와인'라고도 불리는데 그만큼 향이 뛰어나기 때문이다. 향이 오래가는 것으로 유명하며, 얼 그레이 홍차나 각종 향차flavored Tea의 베이스 티로 많이 사용된다.

기문 홍차의 뛰어난 향미는 세계적으로도 인정을 받고 있다. 1915년 파나마 만국박람회 금상, 1987년 세계우수품질식품박람회 금상, 1992년 홍콩 식품박람회 금상 등 매우 받기 힘든 상을 세 번이나 받은 화려한 수상 경력을 자랑한다.

또한 국빈들을 대접할 때에도 기문 홍차는 빛을 발했다. 1982년 등소평은 영국의 마거릿 대처가 중국을 방문했을 때 기문 홍차를 대접했으며, 1990년 강택민도 소련을 방문할 때 기문 홍차를 선물했다고 한다.

복건성에서 생산되는 정산소종正山小種은 랍상소우총lapsang souchong 이라는 영어식 발음으로 더 유명한 홍차다. 무이산시武夷山市 성촌진星村鎭 일대에서 생산되며, 19세기 초반까지는 가장 환영받는 세계 최고의 차 가운데 하나였다. 솔잎을 태워 그을리기 때문에 차에서 독특한 소나무 향이 나는 것이 특징이다. 탕색은 어두운 오렌지색이고 맛은 부드럽다. 러시안 캐러번Russian Caravan과 얼 그레이 홍차의 블렌딩에 기본 재료로 많이 사용되며, 밀크티와 아이스티를 만드는 데에도 적합하다.

중국에서 생산되는 또 다른 홍차로는 운남雲南 홍차가 있다. 금채홍金彩紅 혹은 운남진홍雲南鎭紅이라고도 하며, 대엽종에 속하는 운남 지방 고유의 차나무 품종으로 만들어 기문 홍차이나 정산소종과는 근본적으로 다르다. 운남의 차나무는 아삼종에 속하며, 향긋한 향과 부드럽고 떫은맛이 특징이다. 탕색은 붉고 밀크티로 마시면 좋다.

최근에는 사천성四川省에서도 홍차가 많이 생산된다. 사천 홍차를 만드는 차나무는 재래종으로 찻잎이 두껍고 금빛 털이 많은 것이 특징이다. 진한 맛과 사탕수수 비슷한 상큼한 향이 특징이며, 탕색은 붉다.

중국인들이 홍차를 마실 때에는 보통 설탕이나 우유, 레몬 등을 첨가하지 않은 스트레이트 티로 마시며, 개완蓋碗을 이용하여 우롱차와 같은 방식으로 마신다.

이웃 나라인 일본의 경우 1874년부터 정책적으로 홍차 생산과 수출을 추진했다. 그러나 인도나 스리랑카산産 홍차에 밀려 세계 시장에서 큰 두각을 나타내지는 못했으며, 지금도 극히 소량의 홍차만 생산한다. 일본은 차를 많이 소비하는 나라지만 대부분 녹차 형태로 생산되고 소비되며, 일본에서 소비되는 홍차의 대부분은 유럽에서 들여온 수입품들이다.

정산소종 홍차

우리나라의 경우 여전히 차의 생산이나 소비에서 중국이나 일본에 미치지 못하고 있고 홍차 역시 사정은 마찬가지다. 최근 발효차에 대한 관심이 높아지고 젊은 층의 홍차 선호가 강해지면서 국내에서도 홍차 생산 농가가 증가하고 있는 추세다.

# 🫖 인도의 홍차

인도는 세계 최대의 홍차 생산국이다. 전 세계 홍차 생산량의 35%를 인도산이 차지하고 있다. 아삼과 다즐링 외에 닐기리Nilgiri에서도 질 좋은 홍차가 생산된다.

아삼 홍차

먼저 아삼 홍차는 인도 아삼주의 새래종 차나무에서 채취한 찻잎으로 만드는데, 이 차나무는 1823년에 스코틀랜드의 기지 사령관 로버트 브루스R. Bruce가 이를 찾아내어 세상에 소개하면서 알려지게 되었다. 당시 차나무의 높이는 12m나

되었고 잎은 일반 차나무의 그것보다 훨씬 큰 편이어서 중국종과 비교하면 세 배나 컸다.

아삼종 차나무의 잎에는 타닌이 많이 들어 있어 홍차로 만들기에 적당하며, 일본과 중국에서 자라는 차나무와 교배해 홍차용의 개량종을 만들기도 했다. 현재 인도, 스리랑카, 인도네시아, 그리고 케냐를 비롯한 아프리카 동해안 각국에서 대규모로 재배되고 있는 것이 이 종이다.

아삼주는 인도에서도 가장 많은 홍차를 생산하며, 아삼 홍차는 강렬한 맛과 몰트molt 향, 진한 붉은색이 조화를 이룬 차다. 맛과 향이 강하기 때문에 주로 우유를 넣어 밀크티로 마시며, 잉글리시 브렉퍼스트 등의 블렌딩 홍차에 기본 재료로 쓰인다.

가장 많이 생산되는 보통 찻잎은 CTC 등급으로, 내수용 또는 티백 용도로 사용된다. FOP 이상의 등급은 주로 수출하고 스트레이트 티에 사용된다. 최고 품질을 지향해서 제조되는 TGFOP급 홍차도 있는데 부드럽고 깔끔한 맛의 고급 홍차이며 주로 수출된다.

다즐링 홍차

다즐링은 인도 히말라야의 1,200m에 위치한 다즐링 산맥의 북동부에서 생산되는 홍차로, 홍차의 샴페인이라는 별명을 가진 차다. 다즐링은 티베트어로 '번개와 천둥이 치는 곳'

이라는 의미를 지녔다. 습도가 높고 기온차가 커서 다즐링 홍차의 독특한 맛에 영향을 미친다. 가볍고 섬세한 맛과 머스캣muscat, 맛과 향이 뛰어난 유럽산 포도 향이 특징이며, 밝고 옅은 오렌지색으로 우러나온다. 5~6월에 생산되는 두물차가 최고급품으로 인정되고 있으며, 우바 및 기문과 더불어 세계 3대 홍차 가운데 하나로 꼽힌다.

다즐링에서 생산되는 홍차는 대부분 FOP급 이상으로 가공되며, 발효 정도가 심하지 않아 맛과 향이 진한 녹차와 같다는 느낌을 준다. 생산량이 적고 다른 종류의 홍차보다 가격이 두 배가량 비싸기 때문에 시중에서 흔히 접하는 다즐링은 다른 홍차와 블렌딩된 경우가 많다.

수확 시기에 따라 퍼스트 플러시first flush, 3~4월에 수확되는 첫물차, 세컨드 플러시second flush, 5~6월의 두물차, 오텀네일autumnal, 우기가 끝나는 10월 이후의 가을차 등으로 나뉘며, 각각 맛과 향에 차이가 있다.

닐기리 홍차

닐기리는 서西고츠 산맥Western Ghats Mts.에 위치한 고원이다. 비가 많이 오고 기후가 온난한 지역인데, 이는 스리랑카의 기후와도 흡사하다. 따라서 스리랑카에서 나는 실론 티와 맛과 향이 유사하다. 탕색은 붉은색이며 부드러운 맛과 신선하고 깔끔한 향이 특징이다. 겨울,

찻잎을 따고 있는 인도 여인

특히 1월에 생산된 차를 최고로 꼽는다. 떫은맛이 거의 없고 맛이 깔끔한 편이라서 아이스티용으로 많이 이용된다. 밀크티와 레몬티로도 많이 사용되며, 애프터눈 티나 각종 향차에도 사용된다.

# 🫖 스리랑카의 홍차

실론 티Ceylon tea의 고향인 스리랑카는 오늘날 홍차의 생산량에 있어서 세계 2위이며, 세계 최대의 차 수출국이다. 홍차는 스리랑카 섬 중앙 산맥에서 주로 재배되는데, 산맥 중앙부의 누와라엘리야, 동쪽의 우바, 서쪽의 딤불라, 북쪽의 캔디, 남쪽의 루후나 등이 유명하다. 스리랑카산産 홍차는 해발고도가 낮고 바다와 가까운 곳에서 생산되는 로우 그로운Low Grown, 산간지대에서 생산되는 미디엄 그로운Midium Grown, 정상 부근에서 생산되는 하이 그로운High Grown 등으로 분류된다. 우바와 누와라엘리야 등은 하이 그로운에, 딤불라와 캔디 등은 미디엄 그로운에, 루후나 등은 로우 그로운에 속한다.

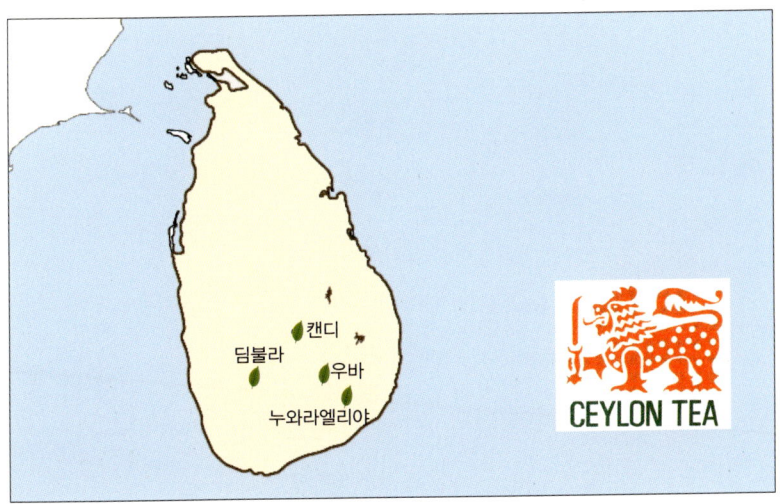

스리랑카의 다원 풍경

누와라엘리야 홍차

이 가운데 누와라엘리야Nuwara Eliya는 해발 고도 1,800m 이상의 고지에서 재배되는 하이 그로운high grown 차로 품질이 뛰어나다. 진하고 풋풋한 향과 부드럽고 감미로운 맛으로 알려져 있으며 차의 탕색은 밝은 오렌지색이다. 우유를 넣어 마셔도 되지만 향을 즐기려면 우유를 넣지 않고 스트레이트 티로 마시는 것이 좋다. 생산되는 홍차는 대부분 BOP급 홍차이며, 타닌 성분이 적어 발효가 덜 된 찻잎이 많이 들어 있는 것이 특징이다.

같은 스리랑카산인 우바나 딤불라에 비해 가볍고 섬세하며 깔끔한 맛을 지니는데 누와라엘리야산 홍차는 모두 비슷한 특징을 갖는다. 홍차의 샴페인이라 부르는 인도의 다즐링에 빗대어 '실론 홍차의 샴페인'이라 부르기도 한다.

우바 홍차

기문, 다즐링과 더불어 세계 3대 홍차 가운데 하나로 손꼽히는 우바Uva 홍차는 스리랑카 남동부 우바 고산지대에서 생산된다. 일반적으로 홍차의 맛을 대표하는 진한 맛과 달콤한 장미꽃을 닮은 향이 나며, 투명하고 밝은 홍색을 띤다. 8월 중순 무렵에 생산되는 차가 가장 향기롭다 하여 이때를 '향의 계절flavory season'이라 부른다. 골든 팁golden tip, 황금색을 띤 솜털이 많이 들어

있어 골든 링을 선명하게 접할 수 있다. 레몬을 넣거나 아이스티로 즐기기에 좋은 홍차이며 밀크티로 즐겨도 좋다. 주로 분쇄된 BOP 홍차로 가공되며, 분쇄되지 않는 OP 등급으로 가공되는 홍차가 최고급품이지만 생산량은 3% 미만으로 흔히 접하기 어렵다.

딤불라 홍차

스리랑카의 남부 고원지대에서 생산되는 딤불라Dimbula 홍차는 우바, 누와라엘리야와 함께 스리랑카 3대 하이 그로운High Grown 티로 알려져 있다. 중앙에 있는 산맥의 서부에서 주로 나며, 1~2월의 작은 찻잎을 최고로 친다. 홍차의 탕색을 대표하는 밝고 깨끗한 홍색을 띤다. 산뜻하고 신선한 맛과 꽃 향기가 우바보다 부드럽고 잔잔하다. 마시는 방법은 다양하며 다른 홍차에 비해 타닌 성분이 적게 들어 있어 아이스티나 밀크티를 만드는 데 적당하다. 블렌딩의 베이스로도 많이 쓰인다.

캔디 홍차

스리랑카 중앙부에 위치한 캔디Kandy는 스리랑카의 옛 수도였으며, 15세기에 건설된 고도古都이다. 외곽 지역에 대규모 다원이 조성되어 있다. 생산량도 많은 편이며 아삼종 차나무 외에 중국의 개량종 차나무도 많이 재배되고 있다.

캔디 홍차의 탕색은 밝은 홍색이며, 쓴맛이 적어 부드럽게 우러나오는 중국종 홍차와 진하고 깔끔한 맛을 내는 인도종 홍차가 있다. 두 종류 모두 수출되기 때문에 회사별로 같은 캔디 홍차라도 맛에 차이가 있다.

루후나Ruhuna 홍차는 스리랑카의 남서부에서 생산된다. 현재 루후나라는 지명은 남아 있지 않으나, 왕정 시대의 왕국 이름 가운데 하나가 루후나였다. 여기서 생산되는 홍차에 이 이름이 남게 된 것이며, 로우 그로운low grown의 진한 홍차가 생산된다. 그을음 향이 독특하고 탕색은 진한 홍색이며 밀크티로 마시면 좋다.

## 🫖 인도네시아의 홍차

인도네시아의 경우 17세기 말의 식민지 시대에 네덜란드인들이 중국의 차 묘목을 가져다 심기 시작하면서 차나무 재배를 시작했다. 1872년에는 아삼종을 스리랑카로부터 가져다 심어 한때 세계 4위의 홍차 생산국이 되기도 했다. 제2차 세계대전을 겪는 와중에 다원이 황폐해지는 등 침체기를 맞았다가 최근에 다시 생산이 늘고 있다.

인도네시아의 자바 섬은 스리랑카와 토질, 기후, 지형 등이 비슷해 스리랑카산 홍차와 유사한 홍차가 생산된다. 제2차 세계대전 당시 생산량이 많이 줄어들기는 했지만, 세계 4위에 해당하는 많은 양의 홍차를 생산하던 대규모 산지가 섬 각지에 분포되어 있다.

제조되는 홍차는 주로 로터베인으로 가공되는 BOP 홍차이며, 티백 또는 홍차 음료의 원료 등으로 이용된다. 전체 생산량의 1%에 미달하는 OP 등급의 홍차가 자바산 홍차의 최고급품이며, 스리랑카산 OP등급 홍차와 비슷한 향과 맛을 지닌다.

자바 홍차

자바 홍차는 안정된 품질, 부드러운 맛과 향을 지녀 처음 접하는 이에게도 부담이 없다. 탕색은 투명하고 밝은 오렌지색으로, 진하게 우려내면 밀크티가 잘 어울린다. 시중에 '데자와'라는 밀크티 음료가 출시되어 있는데, 이는 '자바산 홍차'라는 뜻이다.

## 🫖 다른 나라들의 홍차

아시아에서 홍차를 생산하는 또 다른 나라로는 대만이 있다. 일월담 홍차日月潭 紅茶가 그것으로, 남투현南投縣의 일월담 일대에서 생산된다. 대만의 경우 처음에는 소엽종의 찻잎으로 홍차를 만들다가 향기가 높지 않자 1925년에 인도에서 가져온 대엽종 차나무를 재배하여 차를 만들기 시작했다. 남투현의 어지魚池, 포리埔里, 수리지구水里地區 등에서 생산되며 1977년에 남투현에서 일월담 홍차라고 명명했다.

이 밖에 베트남, 미얀마 등에서도 홍차가 생산된다.

아시아를 넘어 차나무는 아프리카에까지 전파되었으며, 아프리카 대륙의 경우 주로 동해안 각국을 중심으로 많은 양의 홍차를 생산한다. 동해안에 위치한 케냐는 킬리만자로 커피의 산지로 유명하지만 홍차의 생산량도 그에 못지않아 스리랑카와 비슷한 홍차 생산량을 자랑하고 있다. 케냐에서 나는 CTC 차는 블렌딩을 위한 차이며, 진하고 강한 맛과 짙고 어두운 탕색이 특징이다.

케냐 홍차

케냐 외에 말라위, 짐바브웨, 모잠비크, 르완다, 탄자니아, 우간다, 카메룬, 콩고민주공화국, 남아프리카, 콩고 등의 나라에서 모두 홍차를 생산한다.

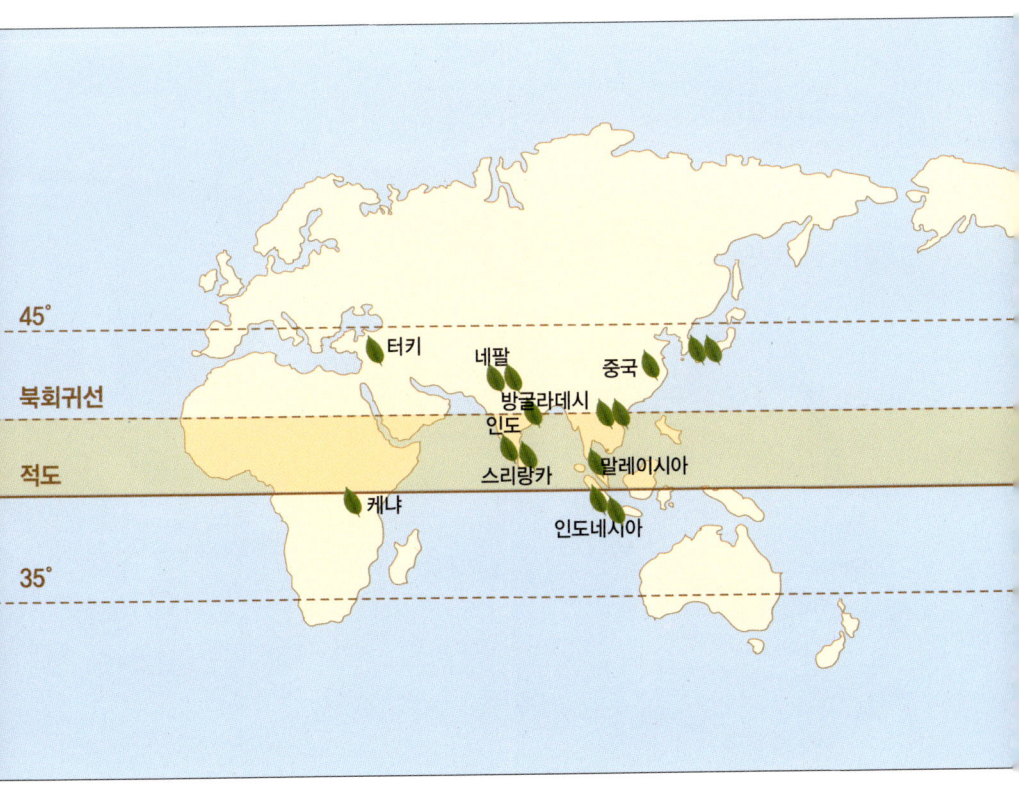

part.3
# 홍차의 제다법과 분류법

홍차를 올바로 이해하고 즐기기 위해서는 어떤 찻잎을 사용하여 어떤 방식으로 만들었는지, 그리고 다른 차들과 혼합했는지 하지 않았는지 등을 우선 파악해야 한다. 이를 위해 홍차의 등급과 제다법, 분류법에 대해 살펴보자.

# 🫖 홍차의 등급

홍차는 그 재료가 되는 찻잎을 분쇄하여Broken type 만들었는지, 아니면 잎 전체를 그대로 이용하여Whole leaf type 만들었는지에 따라 일차 등급이 분류된다. 하지만 이때의 등급은 찻잎의 분쇄 여부만을 나타내는 것일 뿐 반드시 분쇄하지 않은 홍차가 더 좋은 차라는 의미는 아니다.

홀 리프 타입Whole leaf type 홍차인 경우 티 캐디에는 보통 '루스 리프Loose Leaf'라고 표기되어 있다. '잎 전체를 분쇄하지 않고 만든 차'라는 의미다. 흔히 전엽차全葉茶라고 번역한다. 이런 홀 리프 타입 홍차는 다시 얼마나 어린 싹이나 잎을 사용했는가에 따라 등급이 분류된다.

이 하위 분류법 역시 두 가지 기준에 따라 나뉘는데, 먼저 팁Tip, 가지 끝의 새싹의 이용 정도에 따라서 골든 팁Golden Tip, 실버 팁Silver Tip, 골든 실버Golden Silver, 플라워리 실버Flowery Silver의 네 등급으로 나눈다. 골든 팁Golden Tip은 팁 부분만 채엽하여 만든 차를 말한다. 황금색을 띠며 연하고 편안한 느낌의 단맛이 난다. 실버 팁Silver Tip 역시 팁 부분만을 채엽하여 만든 차인데 비교적 싱거운 맛을 낸다. 골든 실버Golden Silver는 어린잎으로 만든 홍차 중 골든 팁Golden Tip을 많이 포함하고 있는 것들을 골라낸 것이다. 플라워리 실버Flowery Silver는 골든 실버Golden Silver보다 골든 팁Golden Tip의 양이 적은 차이다.

홀 리프 타입 홍차는 또 그 사용한 찻잎의 크기가 얼마나 큰가의 여부에 따라 FOPFlowery Orange Pekoe, OPOrange Pekoe, PPekoe, PSPekoe Souchong, SSouchong로 분류된다. 이 중 FOP또는 FOP1는 팁과 OP 등급의 잎으로만 만들어진 고급 홍차를 의미한다. OP는 팁 바로 아래에 붙어 있는 어린잎을 말하며, 침상針狀의 형태를 하고 있다. P는 OP의 바로 아래에 위치한 잎이며, 역시 침상의 형태가 많다. PS는 P의 아래에 있는 잎이며, 거친 것이 많고 비교적 품질이 떨어진다. S는 PS의 아래에 돋아난 비교적 늙은 잎으로, 품질이 많이 떨어진다. PS와 S는

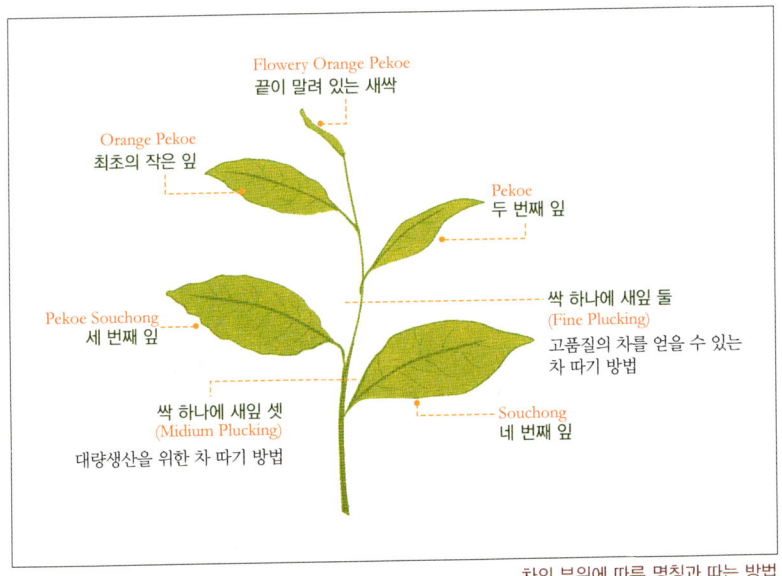

보통 기계로 채엽하며 저렴한 가격에 공급된다.

FOP나 OP 앞에는 다른 수식어들이 붙기도 한다. 예를 들어 OP1 이라는 등급 표시 앞에 B를 붙여 BOP1이라고 표시하는 경우가 있는데, 이때의 B는 분쇄된Broken 찻잎이라는 의미다. 따라서 이 등급의 차는 완전한 홀 리프 타입이 아님을 알 수 있다. 대략 전체 잎 가운데 40%는 분쇄되지 않은 OP 능급의 잎이고, 나머지는 분쇄된 OP 등급의 잎이라고 생각하면 된다. 그 밖에 FFinest, SSpecial, TTippy, GGolden, 1First Grade Leaves 등의 수식어도 붙는데, 이들 수식어들은 엄밀한 기준에 따라 붙이는 것이 아니라 다원에서 자기 차의 홍보를 위해 임의로 붙이는 경우가 대부분이다.

찻잎을 분쇄하여 만드는 브로큰 타입Broken type의 차는 크게 OP 등급의 찻잎을 분쇄한 BOPBroken Orange Pekoe와 이보다도 더 작은 잎을 분쇄한 BOPFBroken Orange Pekoe Fanning 등급으로 분류한다. BOP 등급의 찻잎은 그 크기가 대략 2~3mm 정도이며, BOPF 등급은 이보다도 1mm 정도 더 작게 분쇄한 것이다. 브로큰 타입의 등급 표기에도 앞서 소개한 F, S, T, G, 1 등의 수식어가 붙는데 마찬가지로 홍보를 위한 광고 문구라고 생각하면 된다.

브로큰 타입 이하의 홍차도 있는데, FFanning와 DDust, CTC가 그것

이다. 여기서 F는 BOP를 체로 거를 때 밑으로 떨어지는, 다시 말해 BOP 등급보다 작은 잎들을 의미하며, D는 거의 분말Dust에 가까운 찻잎을 의미한다. 마지막으로 CTC는 Crush, Tear, Curl의 약자로, 기계를 이용하여 찻잎을 으깨고 잘게 찢은 후 모양을 만드는 제다법에서 유래된 것이다.

# 🫖 수제 홍차의 제다법

맛과 향이 뛰어난 홍차는 당연히 좋은 찻잎과 뛰어난 제다 기술을 통해 만들어진다. 홍차를 만드는 제다법은 크게 전통적이고 일반적인 수제차手製茶 제다법과 현대에 개발된 기계식 제다법으로 나눌 수 있는데, 우선 수제 홍차 만드는 법부터 살펴보기로 한다. 참고로 현대의 수제 홍차는 비록 수제차라 하더라도 유념기 등 일부 과정에서 기계의 도움을 받는 것이 보통이다.

①채엽採葉, 찻잎 따기 : 사람의 손이나 기계를 이용하여 찻잎을 따는 과정이다. 하급차는 대개 기계로 수확하고 고급차는 모두 일일이 사람의 손으로 따는 것이 보통이다. 찻잎을 딸 때에는 그 크기를 일정하게 유지하는 것이 중요하다. 찻잎의 크기가 일정해야 수분 함량이 같아지고 고품질의 차를 만들 수 있으며, 동일한 맛과 향을 유지하는 상품성 높은 차가 될 수 있다. 차는 채엽의 시기에 따라 봄차, 여름차, 가을차로 나뉘거나, 혹은 첫물차, 두물차, 세물차, 끝물차로 나뉘기도 한다. 우리나라의 경우 첫물차는 대개 4월 하순부터 5월 상순 사이에, 두물차는 5월 하순부터 6월 상순 사이에, 세물차는 6월 하순부터 7월 사이에, 끝물차는 8월 하순부터 9월 상순 사이에 채엽된다. 채엽의 시기는 나라마다 모두 기후와 고도가 다르기 때문에 일

정할 수 없고 산지마다 모두 다른 것이 보통이다. 모아진 찻잎에서 불순물을 골라내면 채엽 과정이 완료된다.

②위조萎凋, 시들게 하기 : 중국에서 시작되어 이제는 우리나라 제다인들도 많이 사용하는 용어가 되었다. 한자어 그대로 해석하면 말리고 시들게 한다는 의미다. 대략 수분의 절반 정도를 증발시켜 찻잎을 부드럽게 만드는 과정이다. 햇볕에서 자연 위조를 한 후에 실내에서 한 번 더 위조 과정을 거치면 좋은 향이 나는 홍차를 만들 수 있다. 수제 홍차의 경우 두 차례의 위조 과정을 거치지만, 대량 생산 홍차의 경우에는 실내 위조 과정만을 거친다. 위조실의 온도는 45℃가 넘지 않도록 조절한다. 위조 과정은 채집 과정이 끝나자마자 곧바로 진행해야 찻잎의 품질을 유지할 수 있다. 또 찻잎의 수분이 균일하게 감소되도록 해야 한다. 위조 후의 찻잎 수분 함량은 대략 64~67%가 된다. 이렇게 수분이 감소되면 찻잎 속에 들어 있는 세포의 액이 농축되고, 단백질, 당류, 전분, 펙틴Pectin, 다당류의 일종 등에 변화가 일어난다. 예컨대 단백질이 감소하면서 아미노산이 증가하여 홍차의 감칠맛을 형성하며, 당류는 증가하고 전분은 소량 감소한다. 또한 펙틴이 증가하여 찻잎이 부드러워진다. 수제 홍차를 만들 때에는 그늘에서 대략 18~20시간 정도 시들게 한다.

③유념揉捻. 비비기 : 역시 중국에서 건너온 용어로 한자 그대로 해석하면 손으로 주무르고 비빈다는 의미다. 유념은 이처럼 위조가 끝난 시든 찻잎을 손으로 비벼 그 형상을 봉상棒狀. 가늘고 긴 막대 모양이나 침상針狀. 가늘고 끝이 뾰족한 바늘 모양으로 변형시켜 찻잎의 조직을 부스러뜨리는 과정이다. 이 유념의 과정을 거치는 동안 찻잎에서는 발효가 진행되어 생엽生葉에는 없던 새롭고 다양한 향기 성분을 머금게 된다. 생엽에서는 주로 비린 향이 나지만 가공을 마친 홍차에서는 달콤한 향을 포함한 다양한 향이 느껴진다. 생엽에는 약 80여 종의 향기 성분이 있으나, 가공을 마친 홍차에서는 약 400여 종의 향기 성분이 검출되어 무려 다섯 배 정도 증가가 일어난다. 또, 이 유념의 과정에서 찻잎의 세포조직은 80% 이상 파괴된다. 녹차가 45~60% 정도 파괴되는 것과 비교하면 상당히 높은 비율이다. 수제 홍차의 경우 손으로 직접 비비지만, 대량으로 생산되는 홍차의 경우에는 기계를 이용한다. 유념 과정에서는 손으로 비비든 기계로 비비든 끈적끈적한 차즙이 발생하는데, 손으로 직접 비비는 경우 세포 조직 파괴율이 기계의 경우에 미치지 못하고 대신 부서지는 찻잎의 양이 많아지며 시간이 오래 소요되기 때문에 현재는 유념기를 이용하는 방법을 선호한다. 유념기를 사용하면 대략 90분 정도의 시간이 걸린다. 수제로 홍차를 만들 때에는 대개 15~20분 정도 비비고, 10분가량 쉬었다가 다시 비빈다.

④분쇄粉碎 : 브로큰 타입Broken type의 홍차에만 해당되는 과정으로, 말 그대로 찻잎을 잘게 분쇄하여 물에 잘 우러나도록 하는 과정이다. 홀 리프 타입Whole leaf type 홍차는 분쇄 과정을 거치지 않으며, 수제 홍차는 기본적으로 모두 홀 리프 타입이기 때문에 이 과정을 거치지 않는다. 또한 브로큰 타입의 홍차는 대부분 기계로 만들어지기 때문에 이 과정 역시 기계에 의존한다. 생산성이 뛰어난 CTC 공법이 최근에 개발되어 활용되고 있으며, 우리가 흔하게 접할 수 있는 브로큰 타입의 홍차는 대부분 기존의 로터베인rotervane 방식으로 만들어진 것이다.

⑤선별選別 : 찻잎을 크기에 따라 분류하는 작업으로 이에 따라 찻잎의 등급이 결정된다. 다양한 크기의 체를 활용한다. 수제 홍차에서는 불순물을 걸러내는 정도의 과정이다.

⑥발효醱酵 : 유념을 끝낸 상태의 찻잎은 그대로 두면 발효가 진행된다. 수제 홍차의 경우 적당한 습도와 온도를 유지할 수 있는 발효실에서 2시간 정도 발효시킨다. 기계로 만들고 체를 통해 찻잎의 크기를 선별하는 경우에는 찻잎이 충분히 발효되도록 설계된 발효선반, 혹은 시멘트나 타일을 깐 바닥 위에 평균 4~5cm 정도의 두께로 찻잎을 펼쳐놓고 공기를 쏘이게 하는 방법을 이용한다. 유념 과정에

서 발생한 차즙이 산소와 결합하여 산화효소가 발생된다. 발효가 되면서 찻잎의 색깔은 갈색으로 변하며, 홍차의 독특한 맛과 색은 이 단계에서 결정된다.

⑦건조乾燥 : 찻잎의 산화발효를 적당한 상태에서 멈추게 하는 과정으로, 찻잎의 수분함량을 5% 이하로 줄인다. 수분의 양을 적절히 조절하는 것이 관건이 된다. 80~90℃의 건조실에서 약 40분 정도 말린다. 중국의 전통적인 수제 홍차 제다법에서는 숯불을 이용했다.

⑧포장包裝 : 홍차 잎을 크기별로 분류해서 포장하는 과정이다. 포장까지 완성되면 홍차 제다가 끝난다.

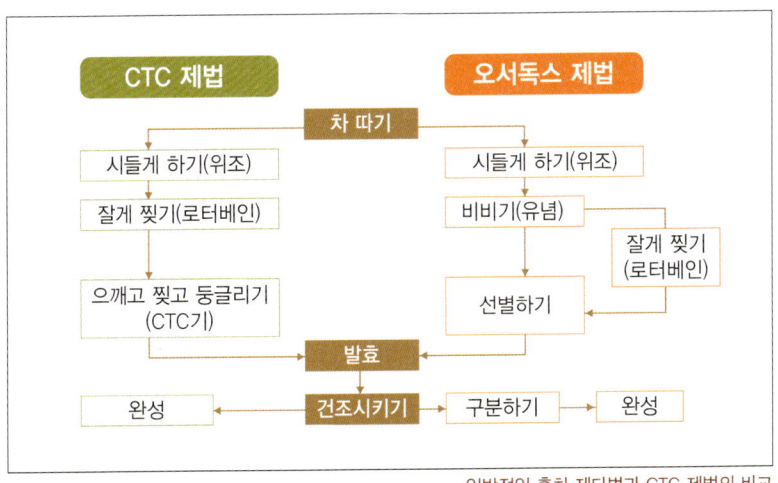

일반적인 홍차 제다법과 CTC 제법의 비교

## 🫖 현대의 기계식 홍차 제다법

홍차의 대중화가 이루어지면서 대량 생산이 중요해진 오늘날에는 대부분의 홍차가 기계에 의해 만들어진다. 찻잎을 채취하는 과정, 위조와 유념, 분쇄와 선별 등의 과정이 모두 기계에 의해 이루어지면서 대량 생산이 가능해졌을 뿐만 아니라 찻잎의 크기와 홍차 제품의 맛과 향이 균일해졌다. 기계를 이용한 홍차 제다법에는 레그 커트 방식, 로터베인 방식, CTC 방식 등의 세 가지 방식이 있다.

레그 커트Leg-cut 방식은 레그 커터leg-cutter라는 기계를 이용하여 찻잎을 위조하거나 건조시키는 방식이다. 유념기도 동원된다. 요즘에는 거의 사용되지 않고 있으며, 대신 CTC 방식이 빈자리를 채우고 있다.

로터베인rotervane 방식은 위조와 유념이 끝난 찻잎을 기계에 넣어 파쇄하면서 동시에 성형을 할 수 있도록 개발된 방식이다. 로터베인기는 보통 두 대를 이어서 사용하며, 세 대를 이어서 사용하기도 한다. 기계를 활용한 대량 생산의 필요성이 제기되고, 빠른 시간 안에

진하게 우러날 수 있는 홍차의 수요가 급증하면서 이 방식은 전 세계로 빠르게 보급되었고 현재는 가장 일반화된 제법이 되었다. 우리가 만나는 홍차들은 절반 이상이 이 로터베인 방식으로 만들어진다고 해도 과언이 아니다.

CTC<sub>Crush-Tear-Curl</sub> 방식은 위조와 유념의 과정을 거친 찻잎을 CTC 기계에 넣어 찻잎을 피쇄하고 모양을 만드는 방식이다. CTC는 Crush으깨다, Tear찢다, Curl돌돌 말다의 약자로 찻잎을 으깨고 잘게 찢은 후에 모양을 만드는 제다법이다. CTC 기계는 두 개의 스테인리스 스틸 롤러로 구성되어 있으며, 이 롤러들을 각각 70rpm과 700rpm의 회전 속도로 각기 반대 방향으로 회전을 시켜 그 사이에 있는 찻잎이 Crush, Tear, Curl의 세 단계를 거치면서 발효되도록 만든다. CTC 방식으로 제조된 홍차는 동그랗게 말려 있기 때문에 수출입 등 이동할 때에도 찻잎이 파손되지 않는다. 또한 침출이 빠르고 탕색이 밝으며, 강한 오렌지빛을 띠는 것이 보통이다. 이 방식이 도입되면서 그야말로 홍차의 대량 생산이 가능케 되었다.

이상에서 소개한 몇 가지 홍차 제다법 가운데 가장 핵심적인 제다법은 세 가지로, 전통적인 수제 홍차 제다법, 로터베인 방식, CTC 방식이 그것이다. 전통적인 수제 홍차 제다법을 다른 말로 흔히 오서독스Orthodox, 전통적인 방식이라 하며, 로터베인 방식은 세미 오서독스 Semi-Orthodox 방식이라 칭하기도 한다.

# 🫖 홍차의 분류

세상에는 무수히 많은 이름의 홍차들이 존재한다. 산지마다 이름이 다른 홍차들이 생산되고기문 홍차, 우바 홍차, 다즐링 홍차 등, 한 다원의 찻잎만을 사용했는지 아니면 서로 다른 다원의 찻잎을 혼합해서 사용했는지에 따라서도 명칭이 달라지며스트레이트 티, 블렌드 티, 제다법에 따라서도 이름이 달라진다오서독스 티, CTC 홍차 등. 무엇을 첨가하거나 혼합했는가에 따라서도 이름이 달라지며밀크티, 아이스티 등, 어떤 향을 첨가했는지에 따라서도 이름이 달라지고애플티, 레몬티 등, 처음 개발한 사람의 이름을 따서 이름을 붙인 경우도 있다얼 그레이 등. 특히 영국 사람들은 티타임에 따라 각각 다른 명칭을 부여하기도 했다브렉퍼스트 티, 애프터눈 티 등.

여기서는 대표적인 홍차 분류법과 가장 유명한 명칭들에 대해 살펴보기로 한다.

홍차는 우선 크게 스트레이트 티straight tea와 베리에이션 티variation tea로 나뉜다. 음용 시 무엇을 첨가하는지 혹은 하지 않는지를 기준으로 나눈 것이며, 전자가 아무것도 첨가하지 않은 홍차다. 예컨대 수제 기문 홍차를 다관에 넣고 뜨거운 물만 부어 우려 마신다면 스트레이트 티이고, 같은 홍차를 우리면서 설탕을 조금 넣었다면 베리에이션

티가 된다. 홍차의 베리에이션을 위해 첨가하는 식품으로는 설탕, 과일말린 사과나 딸기 등, 향신료, 우유 등이 대표적이다.

홍차를 만들 때 찻잎을 한 곳의 산지産地에서만 조달했는지, 아니면 두 곳 이상의 산지에서 채취한 찻잎을 혼합하여 만들었는지에 따라서도 홍차를 분류한다. 전자를 스트레이트 티, 혹은 클래식 티 classic tea라고 하며, 후자를 블렌드 티blended tea라고 한다. 클래식 티들은 그 산지명을 동시에 차의 이름으로 활용하는 것이 보통이다. 기문, 우바, 다즐링 등의 홍차가 이런 클래식 티에 해당한다.

홍차는 또 별도의 가향加香 처리를 하지 않은 차와 가향 처리를 한 차로도 나뉜다. 후자를 흔히 향차香茶 또는 플레이버리 티flavory tea라고 부른다. 생산자들이 제다 과정에서 특별한 향을 첨가한 경우이며, 첨가되는 향의 종류가 엄청나게 많기 때문에 일일이 열거하기 어렵다. 대표적인 향으로 사과향, 딸기향, 캐러멜향, 초콜릿향, 베르가모트bergamot향 등이 있다. 찻잎에 꽃, 과일, 허브, 향신료 등을 이용하여 가향 처리를 하는 이런 향차들은 향수의 나라로 유명한 프랑스에서 특히 크게 발달했으며, 포숑Fauchon과 니나스 파리 Nina's Paris가 대표적인 브랜드이다. 스리랑카산 홍차에 1% 미만의 사과향을 첨가한 홍차 제품이다. 마리아쥬 프레르Mariage Frères라는 회사는 150종 이상의

홍차에 우유를 넣은 밀크티▶

스트레이트 티와 블렌드 티

향차를 만들어 판매하고 있는데, 히비스커스와 모브가 가미된 '에로스', 티베트의 꽃과 과일향이 들어간 '마르코폴로' 등의 제품이 유명하다.

우리나라 사람들에게 친숙한 얼 그레이Earl Grey라는 이름의 홍차도 향차의 한 종류인데, 다만 그 이름만은 향의 종류와 무관하게 이 차를 만들게 된 일화와 관련된 인물인 그레이 백작의 이름에서 나왔다. 19세기 영국의 수상이자 백작Earl이었던 찰스 그레이Charles Grey와 당시의 영국 귀족들은 값비싼 중국산 정산소종 홍차에 크게 매료되어 있었고, 이에 영국 상인들은 보다 저렴하고 맛과 향이 유사한 홍차를 만들 방법을 강구하기에 이르렀다. 그때 상인들에게 정산소종은 찻잎에 중국 과일인 용안龍眼의 향을 첨가해서 만든다는 잘못된 정보가 입수되었고, 상인들은 용안과 비슷한 과일을 찾아 헤매던 중 지중해 연안에서 재배되는 베르가모트를 만나게 되었던 것이다. 어쨌든 잘못된 정보에 입각하여 중국산 홍차에 베르가모트향을 입힌 새로운 홍차가 만들어졌고, 이를 맛본 그레이 백작이 크게 만족하면서 얼 그레이라는 명칭이 생겨났다. 애초의 얼 그레이는 중국산 홍차에 베르가모트향을 첨가하여 만들어졌으나 오늘날에는 기문, 우바, 아삼 등의 홍차에도 베르가모트향을 입혀 얼 그레이라는 이름으로 출시된다. 대부분의 홍차 브랜드에서 이 차를 만들어 판매하고 있다.

# part.4
# 홍차의 색·향·미

홍차는 그 독특한 맛과 향으로 세계인들의 후각과 미각, 나아가 시각을 매료시키고 있다. 과연 홍차의 어떤 성분과 향기가 이처럼 세계인을 사로잡고 있는지 살펴보고, 홍차를 가장 향기롭고 맛있게 우리는 방법은 무엇인지 알아보자.

# 🫖 찻잎의 천연 색소 성분

와인은 눈으로 마신다는 말을 자주 한다. 와인의 아름다운 빛깔은 실제로 보는 이의 눈을 즐겁게 하고 마시는 즐거움도 더해준다. 홍차 역시 마찬가지다. 투명한 유리잔이나 희고 깨끗한 백자 찻잔에 담긴 홍차의 색은 보는 것만으로도 마음을 차분하고 편안하게 해준다.

그렇다면 차의 탕색을 결정하는 성분은 무엇일까? 차의 탕색은 찻잎에 원천적으로 들어 있는 천연 색소 성분과, 제다 과정에서 형성되는 색소 성분에 의해서 결정된다. 그리고 찻잎에 포함된 천연 색소 성분은 생엽의 색깔과 완성된 차의 색, 우리고 남은 찻잎인 엽저의 색에도 영향을 미친다. 제다 과정에서 형성되는 색소 성분에 앞서 찻잎에 포함된 천연 색소 성분부터 알아보자.

차의 생엽 속에는 엽록소, 카로티노이드, 플라보노이드, 안토시아니딘 등의 색소 관련 성분이 함유되어 있다. 앞의 두 가지 성분은 지방 용제에 녹는 지용성脂溶性 색소이고, 뒤의 두 가지는 물에 녹는 수용성水溶性 색소다.

먼저 우리 귀에 익숙한 엽록소葉綠素, chlorophyll는 문자 그대로 찻잎이 우리 눈에 푸르게 보이도록 만드는 성분이다. 엽록소가 없다면 찻잎은 더 이상 우리 눈에 푸르게 보이지 않으며, 역으로 우리 눈에 푸르게 보이지 않는 찻잎에는 엽록소가 없거나 있더라도 미량이다.

찻잎에는 여러 엽록소 가운데 엽록소a와 엽록소b가 포함되어 있으며, 엽록소a는 진한 녹색을, 엽록소b는 녹황색을 띠게 한다. 이러한 엽록소는 대엽종보다는 소엽종, 어린잎보다는 늙은 잎에 더 많이 함유되어 있다. 소엽종 찻잎이 녹차에 더 적합한 이유이고 늙은 잎일수록 색이 더 진한 이유가 이 때문이다. 따라서 홍차를 만들 때에는 역으로 엽록소의 함량이 적은 찻잎으로 만들어야 완성된 차의 색이나 엽저의 색이 홍차 본연의 색을 띠게 된다.

엽록소는 생엽의 색깔과 완성된 차의 색, 그리고 차를 우리고 난 뒤에 남는 엽저의 색에 영향을 미치지만 지용성이어서 차의 탕색 자체에는 직접 영향을 미치지 않는다.


찻잎에 포함된 두 번째 지용성 색소 성분은 카로티노이드carotinoid로, 이는 노랑, 오렌지, 분홍 등의 색을 띠게 하는 여러 성분들의 화합물이다. 찻잎에서는 지금까지 모두 17종이 발견되었는데 카로틴carotene과 잔토필xanthophyll이 대표적이다.

카로틴은 다시 알파카로틴, 베타카로틴, 감마카로틴, 델타카로틴, 제타카로틴 등으로 나뉘는데, 앞의 세 가지 성분은 인체 내에 흡수되면 비타민A로 변화되어 생리작용을 돕기 때문에 프로비타민A라고도 불린다. 찻잎의 카로틴 가운데 주성분은 베타카로틴이며 전체 카로틴의 약 80%를 차지한다. 홍차를 만들 때 이 베타카로틴을 첨가하여 그 함량을 높여주면 홍차의 맛과 색이 더 좋아진다는 연구 결과가 있고, 홍차의 발효 과정에서 이 베타카로틴이 베타이오논β-Ionone으로 일부 변화된다는 연구 결과도 있다. 베타이오논은 청량음료, 아이스크림, 껌 등을 만들 때 널리 활용되는 차향료 성분이어서 홍차에도 역시 이런 청량감을 더해주게 된다.

카로티노이드를 구성하는 또 하나의 성분인 잔토필은 루테인lutein 이라고도 불리며, 카로티노이드의 주요 구성 성분이다. 엽록체 속에 포함되어 있고 황색을 띠게 하는 색소 성분이다.


플라보노이드와 안토시아니딘은 찻잎에 들어 있는 천연 색소 성분이자 물에 녹는 수용성 색소다. 따라서 다탕의 색깔에도 직접적인 영향을 미치게 된다.

플라보노이드flavonoid는 노란색을 만들어내는 색소 성분이며, 폴리페놀 구성 성분 가운데 하나다. 녹차의 탕색을 좌우하는 성분이다.

또 다른 수용성 색소 성분인 안토시아니딘anthocyanidin은 여러 종류의 당과 결합하여 안토시아닌anthocyanin의 형태로 존재하다가 가수분해加水分解되어 안토시아니딘이 된다. 찻잎을 자홍색紫紅色으로 보이게 하는 색소이며, 소위 자아차紫芽茶. 찻잎이 자주색인 차의 찻잎에는 이 성분이 다른 찻잎보다 50배 이상 많이 포함되어 있다. 맛에도 영향을 미

쳐 이 성분이 많으면 쓴맛이 강해진다. 따라서 녹차든 홍차든 안토시
아니딘이 많이 함유된 찻잎으로 차를 만들면 그 차의 색이나 탕색,
엽저의 색이 모두 제 빛을 잃고 어두워지며 쓴맛도 많이 나게 된다.

## 🫖 제다 과정에서 형성되는 색소 성분

　차를 만드는 과정에서도 전에 없던 색소 성분이 생겨나게 되는데, 이런 색소 성분에는 차황소茶黃素, 차홍소茶紅素, 차갈소茶褐素의 세 가지 종류가 있다. 이 가운데 찻잎에 포함된 폴리페놀류 성분이 산화되면서 형성되는 차황소와 차홍소는 홍차의 탕색은 물론 완성된 차나 엽저의 색에도 큰 영향을 미치는 성분이다. 홍차의 붉은 황금색 탕색은 이 두 가지 성분이 좌우한다고 해도 과언이 아니다.

　먼저 차황소theaflavin는 붉은색 성분으로 홍차의 발효 과정 중 찻잎의 카테킨catechin이 폴리페놀옥시다아제의 작용으로 산화·축합하여 생성된 폴리페놀이다. 탕색을 밝게 해주는 주요 성분이며 차의 맛과 신선한 정도에도 큰 영향을 미친다. 또한 질 좋은 홍차를 담은 찻잔에서 볼 수 있는 골든 링Golden ring, 코로나도 바로 이 차황소 때문에 생겨나는 것이다. 품질 좋은 홍차를 제대로 우려내어 하얀 찻잔에 담아내면 골든 링을 발견할 수 있는데, 골든 링은 문자 그대로 황금색의 원형 링을 말하며, 붉은 홍차의 색깔과 조화롭게 어울려 탕색에 시각적 아름다움을 더한다. 차황소는 또 차홍소 및 카페인 등과 낮은 온도에서 결합하여 클라스레이트화합물clathrate compound을 형성하게 되는데, 이것이 홍차나 보이차 등의 다탕에서 발견되는 크림다운 현상

cream down, 백탁 현상의 원인이 된다. 특히 홍차로 아이스티를 만들 경우 냉각시키는 과정에서 이런 크림다운이 자주 생기는데, 이 때문에 사람들은 아이스티를 만드는 과정이 상당히 까다롭다고 느끼게 된다. 크림다운을 방지하려면 얼음을 충분히 넣어 차를 급랭시키면 된다. 한편, 다탕에서 크림다운이 일어난다는 것은 그 차에 차황소, 차홍소, 카페인 등의 성분이 풍부하게 함유되어 있다는 뜻이고, 이는 곧 그 차가 상당히 고품질의 차임을 방증하는 것이다. 차황소는 홍차에 있어서 탕색을 밝게 하고, 차의 맛을 신선하고 상쾌하게 만들어주는 매우 중요한 성분이다. 홍차의 색과 맛을 좌우하는 가장 중요한 성분이라고 해도 과언이 아니다.

차홍소와 차갈소는 그 구조와 성분이 매우 복잡하여 아직까지도 이들에 관한 연구 성과가 미흡한 편이다. 먼저 차홍소thearubigin는 홍차의 발효 과정에서 생겨나는 성분 가운데 하나로, 탕색을 홍갈색으로 만들어주며 물에 잘 녹는 특징이 있다. 차황소와 함께 크림다운 현상의 원인이 되며, 역시 차황소와 더불어 홍차의 맛과 색에 가장 큰 영향을 미치는 성분이다. 홍차에 차홍소가 지나치게 많으면 탕색은 어두워지고 맛은 싱거워진다. 반대로 차황소가 상대적으로 너무 많으면 탕색은 홍차의 기본인 붉은색에서 멀어지고, 엽저 역시 붉은색을 띠지 못하게 된다.

마지막으로 차갈소theabrownine는 홍차의 제다 과정 중에 형성되는 색소 성분 가운데 가장 복잡한 성분이어서 연구 성과가 많지 않다. 홍차의 탕색을 검붉게 만드는 색소이며, 이 성분의 함량이 높으면 홍차는 그 탕색이 어두워지고 맛이 텁텁해져 질이 떨어지게 된다. 과도한 위조나 산소가 부족하고 지나치게 고온인 상태에서 건조할 경우 이 성분의 함량이 높아진다. 보이차 숙병을 만들 때 이용되는 악퇴渥堆의 과정에서도 이 차갈소가 많이 생겨나는데, 홍차와 달리 보이차는 일정한 정도의 차갈소 성분이 포함되어야 보이차 특유의 맛과 색을 내게 된다.

# 🫖 홍차의 향기와 맛

홍차의 향기 성분 역시 찻잎에 본래부터 들어 있던 천연 향기 성분과 제다 과정, 특히 유념의 과정에서 형성되는 향기 성분으로 구분할 수 있는데, 찻잎에 들어 있는 천연 향기 성분은 80여 종류인 반면 제다 후에 추출되는 향기 성분은 400여 종류나 되어 제다 과정이 홍차의 향기에 얼마나 큰 영향을 미치는지 알 수 있다.

차의 향기에 관여하는 성분으로는 알코올류, 알데히드류, 테르페노이드terpenoid류, 케톤ketone류, 유기산류, 에스터ester류, 락톤류, 페놀류, 질소화합물, 함황화합물 등 수백 가지 이상의 화학물질이 보고되고 있다. 홍차 제조에서는 위조 과정에 장미, 백합 등의 꽃과 같은 향기나 과실과 같은 향기가 형성되어 유입되고, 발효 공정에서도 특유한 향기가 형성된다.

또 시중에 유통되는 홍차 제품들은 생산자들이 저마다의 비법을 통해 가향 처리를 하기 때문에 '홍차의 향은 이런 것'이라고 단정하여 말하기는 어렵다.

홍차의 맛을 결정하는 주요 성분에는 폴리페놀, 카테킨, 카페인, 아미노산 등이 있다.

먼저 폴리페놀polyphenol은 차의 떫은맛을 내는 성분이다. 카테킨catechin은 폴리페놀의 일종이며 역시 떫은맛과 관련된다. 폴리페놀과 카테킨은 홍차의 제다 과정 중 발효 과정에서 여러 가지 화합물과 만나 홍차 특유의 맛을 내게 된다. 따라서 질 좋은 홍차는 폴리페놀과 카테킨이 많이 함유된 찻잎으로 만들어야 한다. 이들은 일조량이 많은 곳에서 자란 찻잎과 늦게 딴 찻잎에 상대적으로 더 많이 함유되어 있다. 찻잎 중의 폴리페놀에는 온화한 쓴맛을 내는 유리형 카테킨과 쓰고 떫은맛을 내는 에스터형 카테킨, 강한 쓴맛과 약한 떫은맛을 내는 결합형 카테킨이 있고 단백질과도 분리되어 있어 감의 타닌과는 달리 입 안이 텁텁하지 않다.

카페인caffeine은 쌉쌀한 맛을 내며, 폴리페놀 및 카테킨과 더불어 차의 유효 성분을 대표하는 성분이다. 폴리페놀이나 카테킨과는 반대로 어린 찻잎, 차광 재배를 한 찻잎에 상대적으로 더 많이 함유되어 있다. 찻잎에는 또 카페인과 유사한 화학 구조를 가지며 그 기능 역시 유사한 테오필린theophylline과 테오브로민theobromine이라는 별도의 성분도 들어 있다. 반면에 커피에는 카페인만이, 코코아에는 테오브로민만이 포함되어 있다. 홍차, 커피, 코코아의 카페인에 따른 효능이 서로 다른 이유가 이것이다.

아미노산amino acids은 차의 감칠맛을 내는 성분으로, 어린 찻잎일수록 함유량이 높다. 차에는 25종의 아미노산이 있으며, 이 중 L-테

아닌L-theanine, 단 감칠맛이 60% 정도로 차, 특히 녹차의 맛에 큰 영향을
미친다. 이 밖에도 차에는 글루타민산glutamic acid, 신 감칠맛, 아스파라긴
산asparaginic acid, 신 감칠맛, 아르기닌arginine, 쓴 감칠맛 등이 포함되어 있다.

　또한 찻잎에는 칼륨, 인, 칼슘, 마그네슘, 철, 나트륨 등 여러 가지
미네랄 성분이 포함되어 있으며, 이들 역시 홍차의 맛을 구성하는
데 일조하는 성분들이다.

## 🫖 홍차의 효능

홍차는 기본적으로 기호 음료다. 고대의 사람들은 차를 약용으로 많이 이용했으나 오늘날 사람들이 홍차를 비롯한 차를 마시는 근본 이유는 그 색·향·미를 즐기거나 차를 활용한 대화의 분위기를 조성하기 위해서다. 그렇다고 홍차를 비롯한 차의 기능성을 무시해서는 곤란하다. 같은 기호품이지만 술이나 담배, 커피 등에 비하여 홍차를 비롯한 차는 뛰어난 건강 기능성을 가지고 있다. 건강 보조 식품까지는 몰라도 꾸준히 마시면 건강에 크게 도움이 되는 음료가 홍차다. 홍차는 과연 어떤 효능을 지니고 있으며, 이런 효능들은 홍차의 어떤 성분에서 비롯되는지 살펴보자.

먼저 홍차에 많이 함유되어 있는 폴리페놀의 일종인 카테킨 성분은 강력한 항산화抗酸化 기능을 갖고 있다. 노화를 촉진하는 유해 산소의 활동을 억제하는 기능이다. 따라서 홍차를 많이 마시면 노화에 따른 각종 질병을 예방하면서 건강을 유지할 수 있게 되는데, 심장 질환과 동맥경화, 뇌졸중, 암 발생 위험 등을 줄여주는 효과가 대표적이다. 또한 강력한 항바이러스, 항균 기능은 장臟 내의 유해균을 죽여 변비나 설사에도 도움이 된다. 폴리페놀류는 또 콜레스테롤이 소화관으로 흡수되는 것을 막아주기 때문에 혈중 콜레스테롤 수

치를 낮춰주는 작용도 한다. 이외에도 폴리페놀에는 혈소판 응결 방지, 염증 방지, 항비만, 항당뇨, 소염 작용 및 충치 예방 등의 효과도 있다.

　홍차에 함유된 카페인은 중추신경계에 작용하여 정신을 각성시키고 혈액 순환을 촉진하며, 이뇨작용 및 피로 회복에도 효과가 있다. 보통 카페인은 흡수한 뒤 1시간 이내에 효과를 나타내며 서너 시간이 지나면 효과가 사라진다. 오늘날 카페인은 기호 식품 및 치료 약품으로 널리 소비되고 있다. 찻잎 등 카페인 함유 식물을 활용한 다양한 청량음료와 강장음료 등이 널리 인기를 얻고 있고, 근래에는 샴푸와 비누 같은 생활용품에 카페인을 넣은 상품도 출시되고 있다. 또한 카페인이 들어간 각성제, 흥분제, 강심제, 이뇨제 등이 만들어져서 다양한 용도로 쓰이고 있다. 각성제는 피로를 덜어주고 정신을 각성시켜주므로 야간 운전자나 수험생이 많이 이용한다. 카페인은 또 조산早產된 신생아의 수면 중 무호흡증과 불규칙적인 심장 박동을 치료하는 용도로 활용되며, 편두통이나 심장병 등에도 쓰인다. 홍차를 마심으로써 이런 효과를 기대할 수 있는 것이다.

　미네랄mineral, 無機鹽類은 인체를 비롯한 생명체에 없어서는 안 되는 물질로, 단백질, 지방, 탄수화물, 비타민과 더불어 5대 영양소 가운

데 하나다. 인체 내에서 여러 가지 생리 활동에 참여하는 미네랄 중 인체를 구성하는 원소인 칼슘Ca, 인P, 칼륨K, 나트륨Na, 염소Cl, 마그네슘Mg, 철Fe, 구리Cu, 아연Zn, 코발트Co 등의 원소는 미량으로도 충분하지만 없어서는 안 되는 것들이다. 따라서 이들 미네랄의 섭취가 부족하면 각종 결핍증을 유발한다. 예를 들어, 칼슘은 뼈의 구성 성분이며 근육 운동에 관여하기 때문에 칼슘이 부족하면 구루병이 생기거나 근육 운동의 부조화가 일어난다. 또 나트륨은 우리 몸의 삼투압이나 pH를 조절하는 성분으로 부족하면 신경에 이상이 생기고, 헤모글로빈의 성분이 되는 철이나 적혈구를 만드는 데 사용되는 구리, 코발트 등의 섭취가 부족하면 빈혈이 생길 수 있다. 홍차에는 이런 미네랄 성분이 풍부하게 함유되어 있어 부족한 영양소를 보충하는 데 도움이 되며, 불소 성분은 충치 예방에 큰 효과가 있다.

홍차는 이처럼 필수 영양소를 제공하면서도 저칼로리 식품이고, 또 물을 많이 마심으로써 신진대사를 돕기 때문에 다이어트에도 효과가 있다. 단, 이는 스트레이트 홍차에 한한 것이며 밀크티로 마신다거나 설탕이나 시럽 등을 첨가하는 경우, 그리고 티 푸드를 같이 먹는 경우에는 해당되지 않는다.

또한 홍차는 찬 성질을 지닌 녹차나 백차와는 달리 몸을 따뜻하게 데우는 데에도 효과적이다.

## 🫖 홍차 우리기의 골든 룰

다른 모든 차와 마찬가지로 풍미가 뛰어난 한 잔의 홍차를 만들어 내기 위해서는 좋은 재료가 필요한 것은 물론 적당한 다구와 우리는 요령이 필요하다. 수백 년 동안 수많은 사람들이 홍차를 우려 마신 만큼 당연히 홍차를 맛있게 우리는 방법에 대해서도 수만 가지 방식이 시도되고 수백 가지 주장들이 검증을 거쳐 추천되었다. 그 가운데 대표적인 몇 가지 방법들을 소개한다.

홍차를 우리는 가장 좋은 방법에 관하여는 유럽 홍차 문화의 부흥을 견인하고 홍차를 세계적인 음료로 확산시킨 영국에서 가장 먼저 체계적인 안을 내놓았다. 1848년에 창간된 가정용 월간지 《패밀리 이코노미스트*Family Economist*》는 그 창간호에 '맛있는 홍차를 만드는 규칙'이라는 기사를 실었다. 그 내용에 번호를 붙여 정리해보면 다음과 같다.

① 홍차를 맛있게 마시기 위해서는 무엇보다도 물이 중요하다. 경수硬水는 맛을 떨어뜨리므로 주의해야 한다.
② 물을 끓이는 주전자는 뚜껑이 꼭 닫히고 물때가 생기지 않는 것이 좋다. 주전자 속에 굴 껍질을 넣어두면 거기에 불순한 미립자

가 붙어서 물때가 생기지 않는다.

③ 재질이 좋은 순서대로 티 포트를 열거해보면 은제, 중국산 자기, 영국산 금속제, 흑색 웨지우드 자기, 영국산 도자기 순이다.

④ 티 포트에 끓는 물을 부을 때, 3인분의 홍차를 만든다면 먼저 적당한 분량의 차를 넣고 석 잔 분량의 물을 부어 따른 다음 두 잔 분량의 물을 부어두면 더 마시겠다는 요구가 있을 때 찻잎을 쓸데없이 낭비하지 않을 수 있다.

⑤ 찻잎은 양질의 것을 충분히 넣는다. 홍차가 건강에 좋다고 생각하는데 일반적으로 녹차와 섞는 것이 제일 좋다. 1온스<sub>약 28g</sub>의 잎으로 2쿼트<sub>약 2.3L</sub>의 차를 만드는 것이 적당하다.

⑥ 잎을 넣는 방법으로는 반드시 물의 양에 적당한 양을 한 번에 넣는 것이 좋다. 조금씩 잎을 보충해 넣는 방법은 맛을 떨어뜨리므로 피해야 한다.

⑦ 차를 만들 때는 먼저 잎이 충분히 젖을 정도로 포트에 소량의 끓는 물을 붓고 2~3분 정도 기다렸다가 필요한 양의 물을 넣는다. 5~10분 이상 두지 않는 것이 좋다.

⑧ 쟁반 위에 포트를 놓을 경우 열이 식지 않도록 양모 매트를 깔아두는 것이 좋다.

⑨ 차를 맛있게 마시려면 양질의 설탕과 크림을 사용해야 한다.

⑩ 컵에 먼저 설탕과 크림을 넣고 그 위에 차를 붓는다. 한층 부드

럽게 섞이면서 융화되어 맛이 더욱 좋아진다.

이어 1861년에는 요리전문가인 M. 비튼Isabella Mary Beeton이 『비튼 여사의 가정서Mrs. Beeton's Book of Household Management』라는 책에서 홍차 우리기의 기본 원칙 다섯 가지를 제안했다. 그리고 여기에 '골든 룰golden rules'이라는 이름을 붙였다. 홍차 우리는 방법의 금과옥조金科 玉條라는 의미다. 비튼 여사가 제안한 '다섯 가지 골든 룰The Five Golden Rules'의 내용은 이렇다.

① 양질의 차를 사용할 것 Use good quality tea
② 티 포트를 데울 것 Warm the tea pot
③ 차의 양을 잴 것 Measure your tea
④ 갓 끓인 물을 사용할 것 Use freshly boiling water
⑤ 우러나는 시간을 기다릴 것 Allow time to brew

비튼 여사의 뒤를 이어 1935년에는 유커스W. H. Ukers라는 사람이 『홍차의 모든 것All about Tea』이라는 책에서 유사한 룰들을 다시 제안 했다. 이 책은 근대 차에 관한 최고의 권위서로 인정을 받고 있다.

## 150년 동안 이어진 논쟁

유커스의 제안에 이어 1946년 1월에는 『동물농장』과 『1984』로 유명한 작가 조지 오웰George Orwell, 1903~1950이 신문에 「한 잔의 맛있는 홍차」라는 에세이를 발표하면서 11가지 항목의 홍차 우리는 법을 제안했다. 조지 오웰 자신의 지극히 개인적인 제안이라는 설명이 달려있긴 하지만 대부분의 항목들이 매우 경청할 만한 것이어서 이를 흔히 '영국 홍차도紅茶道의 결정판'이라 일컫는다. 그가 제안한 11가지 항목은 다음과 같다.

① 차는 인도나 실론스리랑카의 것을 사용한다. 중국의 것은 우유를 타지 않아도 되어 경제적이라는 장점이 있지만 매력은 없다.

② 도기陶器나 자기瓷器 티 포트를 사용한다.

③ 티 포트는 미리 벽난로 위에 두어 예열한다.

④ 차는 진해야 한다. 뜨거운 물 1L에 티스푼으로 가득 여섯 스푼의 차를 넣는다.

⑤ 찻잎은 (티백처럼 주머니에 넣지 않고) 직접 티 포트에 넣는다.

⑥ 물은 끓이자마자 바로 사용해야 하며, 이를 위해 티 포트는 물 끓이는 주전자 바로 곁에 둔다.

⑦ 티 포트에서 우릴 때에는 잘 흔들어주거나 찻잎을 휘저어 섞고,

찻잎이 바닥에 가라앉을 때까지 기다린다.

⑧ 낮고 평평한 잔보다는 원통형 머그컵이 잘 식지 않는다.

⑨ 홍차에 넣을 우유에서는 끈끈한 크림을 미리 제거해둔다.

⑩ 홍차를 먼저 컵에 따르고 난 후 우유를 넣는다. 그래야 정확한 우유의 양을 가늠할 수 있다.

⑪ 설탕은 넣지 않는다.

이 에세이에서 조지 오웰은 '홍차는 아일랜드, 오스트레일리아, 뉴질랜드까지 포함한 여러 나라의 문명을 지탱하는 기둥'이라고 했으며, '홍차를 맛있게 만드는 방법은 대논쟁의 원인'이라고 지적하기도 했다. 그러면서 자신의 새로운 제안들에 대해 '이 가운데 두 가지 안에 대하여는 대부분의 사람들이 찬성을 하겠지만, 네 가지 안에 대하여는 격론의 불씨가 될 것'이라고 예상했다. 특히 자신의 11가지 제안 가운데 열 번째 항목에서 언급한 우유와 차를 컵에 따르는 순서 문제를 두고는 '영국의 가정은 이 문제를 두고 두 파로 나뉘었다'고 썼다. 이는 앞서 소개한 《패밀리 이코노미스트》지의 '맛있는 홍차를 만드는 규칙' 가운데 열 번째 항목을 염두에 둔 것으로, 거기서는 조지 오웰의 제안처럼 차를 먼저 컵에 따르고 우유를 나중에MIA, Milk In After 붓는 것이 아니라, 그와는 반대로 우유를 먼저MIF, Milk In First 컵에 따른 후 홍차를 나중에 부으라고 제안하고 있다. 조지 오웰이

▶조지 오웰은 우유를 나중에 넣으라고 제안했으나, 후대에 와서 이는 잘못된 것으로 결론이 났다.

이 에세이를 발표할 당시에도 영국에서는 이미 이 문제를 두고 논쟁이 벌어지고 있었음을 알 수 있다. 그리고 이 논쟁은 조지 오웰의 에세이 발표 이후 그 자신의 예상처럼 더욱 거세지게 되었다.

우선 홍차 브랜드들이 이 논쟁에 가세했는데, 트와이닝Twinings사는 홍차 우리는 법을 아홉 개 항목으로 정리하여 발표하면서 우유를 먼저 넣는 방식MIF을 제안했다. 그러자 경쟁사였던 잭슨 오브 피카디리Jackson of Piccadilly사도 나서서 아홉 개 항목으로 된 홍차 우리는 법을 발표하고 우유를 차보다 나중에 넣는 방식MIA을 제안했다.

1848년부터 시작된 이 해묵은 논쟁은 지난 2003년 6월에야 종결되었다. 150년 넘게 계속된 이 논쟁을 끝낸 것은 영국의 왕립화학협회라는 단체로, 이 단체는 조지 오웰의 탄생 100주년을 기념하기 위한 사업의 일환으로 「한 잔의 완벽한 홍차를 만드는 방법」이라는 에세이를 발표했는데, 거기서 조지 오웰의 제안이 잘못된 것임을 과학적으로 분석하여 입증해낸 것이었다. 이들의 설명에 따르면 컵에 뜨거운 홍차를 먼저 넣고 나중에 우유를 부으면 '우유 속의 단백질이 고온인 차에 의해 변성되어 차의 맛과 향이 나빠진다'는 것이다.

영국의 왕립화학협회가 제안한 「한 잔의 완벽한 홍차를 만드는 방법」은 오늘날의 실질적인 '골든 룰'이라 할 수 있고, 그 주요 내용은 다음과 같다.

준비물1 : 아삼의 잎차, 연수(軟水), 신선한 저온살균 우유, 흰 설탕
준비물2 : 주전자, 도자기 티 포트, 큰 도자기 머그컵,
　　　　　가는 스트레이너, 티스푼, 전자레인지


① 주전자에 신선한 연수를 붓고 불에 올린다. 시간, 물, 화력 등을 낭비하지 않게 적당히 끓인다. 한 번 끓였던 물은 다시 끓여 사용하지 않으며, 경수硬水는 거기 포함된 미네랄이 표면에 불쾌한 막을 만들기 때문에 사용하지 않는다. 같은 이유로 시판되는 미네랄워터도 사용하지 않는다. 티 포트는 도자기 제품이 좋다. 금속제는 차의 맛과 향을 손상시키기 쉽다. 차는 잎차를 사용한다. 티백은 간편하고 추출이 빠르나 맛있는 홍차에 필수적인 타닌 성분이 나오기까지 시간이 걸리므로 좋은 향을 기대하기 어렵다.

② 주전자의 물이 끓기를 기다리는 동안 티 포트를 예열한다. 예열은 홍차를 고온에서 추출하기 위함이며, 포트를 예열할 때에는 끓인 물을 포트의 1/4 이상 채우고 30초 이상 두거나, 1/4컵 정도의 물을 포트에 담아 전자레인지에서 1분간 가열한다.

③ 주전자의 물이 끓으면 즉시 티 포트의 예열한 물을 버린다.

④ 1잔에 1티스푼의 비율로 찻잎을 예열된 티 포트에 넣는다.

⑤ 물이 끓고 있는 주전자 가까이로 티 포트를 가지고 와서, 주전

자의 물을 찻잎을 겨냥하여 힘차게 붓는다.

⑥ 3분간 우린다. 오래 우릴수록 좋다는 생각은 오해다. 카페인의 용출은 1분 이내에 완료되고 폴리페놀은 이보다 조금 오래 걸린다. 하지만 3분 이상이 지나면 분자량이 큰 타닌이 나오므로 맛과 향이 나빠진다.

⑦ 이상적인 것은 도자기 머그컵이지만 개인의 취향에 맞는 컵도 무방하다. 그러나 폴리스티렌polystyrene 컵은 사용하지 않는다. 시간이 지나도 온도가 내려가지 않아 마실 수 없고 고온에 의해 우유도 변성된다.

⑧ 컵에 먼저 우유를 넣고 이어서 홍차를 부으며, 맛있어 보이는 색이 되는 것을 목표로 한다. 초고온살균 우유120~130℃에서 2초간 살균가 아니라 저온살균 우유63~65℃에서 30초, 또는 73℃에서 15초간 살균를 사용한다. 고온살균 우유는 단백질의 일부가 이미 열에 의해 변질되었기 때문이다. 만약 우유를 나중에 부으면 뜨거운 홍차에 의해 우유의 단백질이 변하게 되므로 우유를 먼저 컵에 따르고 나중에 홍차를 붓는다. 우유와 홍차가 섞이면 자연스럽게 홍차의 온도는 75℃ 이하가 된다.

⑨ 설탕은 기호에 따라 넣는다. 우유도 마찬가지다.

⑩ 홍차를 마시기에 적당한 온도는 60~65℃이며, 이보다 뜨거우면 마시기도 어렵고 마실 때 소리가 나서 품위를 손상시킨다. 위에

서 제시한 대로 하면 홍차는 1분 이내에 이 온도까지 내려가며,
티스푼을 잠시 컵에 담가두면 온도를 식히는 데 도움이 된다.

## 🫖 일상에서 홍차 우리기

앞에서 홍차를 맛있게 우리기 위한 다양한 방법들을 살펴보았다. 하지만 일반 사무실이나 가정에서 이런 복잡한 방식을 모두 사용하면서 홍차를 즐기기란 생각처럼 쉬운 일이 아니다. 누구나 간단히 활용할 수 있는 실용적인 홍차 우리기의 방법을 살펴보자.

우선 차, 주전자, 티 포트다관, 스트레이너거름망, 찻잔을 준비한다. 주전자나 티 포트는 도자기 제품이 좋으나 널리 보급된 전기주전자나 유리로 된 티 포트도 큰 무리는 없다. 찻잎의 크기가 일정한 수제 홍차라면 스트레이너가 없어도 무관하며, 티스푼이나 티 코지 등도 반드시 필요한 것은 아니다. 단, 손님을 접대할 때 등 격식을 갖추어야 할 때에는 최대한 다구를 잘 준비한다.

① 차와 다구가 준비되면 먼저 물을 끓인다.
② 끓인 물로 티 포트와 찻잔을 예열한다.
③ 티 포트의 예열에 사용한 물을 버린다.
④ 티 포트에 찻잎을 넣고 방금 끓인 물을 붓는다.
⑤ 2~4분간 우린다. 티 코지가 있으면 덮어서 보온한다.
⑥ 찻잔의 예열에 사용한 물을 버리고 스트레이너를 걸쳐둔다.

⑦ 찻잔에 차를 따른다.

이처럼 최대한 간편하게 홍차를 우리더라도 더 맛있게 우려낼 수 있는 몇 가지 방법들이 있는데 가장 대표적인 것이 점핑jumping이다.

점핑이란 주전자에서 찻잎이 든 티 포트에 물을 따를 때 높은 곳에서 힘차게 따라 티 포트 안의 찻잎들이 대류 현상을 일으키도록 만드는 것을 말한다. 점핑 현상이 활발하게 일어나도록 하려면 물을 세게 부어야 하며, 물을 세게 부으면 물속에 공기가 많이 들어가기 때문에 홍차의 맛도 더 좋아진다. 유리로 된 티 포트를 이용하면 점핑 현상을 눈으로 확인할 수 있는 재미도 있다.

찻잎의 점핑

## 🫖 티백 홍차 우리기

오늘날 홍차의 세계에서 티백은 큰 비중을 차지하고 있다. 티백 홍차라고 모두 하급 홍차만 있는 것은 아니며, 제대로 우리는 법만 알면 홍차 특유의 맛과 향을 얼마든지 즐길 수 있다.

① 티백으로 홍차를 즐길 때에도 컵을 미리 예열해 둔다.

② 컵의 예열에 이용한 물을 버린다.

③ 컵에 90℃ 이상의 뜨거운 물을 먼저 붓고 티백을 비스듬히 넣는다. 티백을 먼저 넣으면 차의 맛이 떫어지고 티백이 물 위에 뜨기 때문에 제대로 우러나지 않는다.

④ 2~3분 동안 우린다. CTC 방식으로 만든 티백 홍차라면 2분 정도가 적당하다.

⑤ 차가 우러나는 동안에는 컵받침을 덮어두어 온도와 향을 유지시킨다.

⑥ 티백을 2~3회 가볍게 흔들어준 뒤 컵에서 빼낸다.

⑦ 티백은 보통 눌러 짜지 않는다. 눌러 짜면 떫은맛이 많이 나게 되므로 주의한다. 그러나 예외적으로 진한 홍차를 즐기고 싶을 때에는 티백 스퀴저tea bag squeezer로 골든 드롭golden drop, 홍차의 마지막 한 방울까지 짜서 마신다. 골든 드롭은 홍차의 맛과 향기를 가장

진하게 갖고 있다.


    티백의 종류는 그 재질에 따라 펄프, 사체, 모슬린의 세 가지로 나뉜다. 가장 흔히 볼 수 있는 것이 천연 펄프pulp로 만들어진 티백이다. 나일론이나 실크로 만들어진 것이 사체 티백Sachet TB이고, 살균거즈로 만든 것이 모슬린 티백Muslin TB이다. 사체 티백은 찻잎이 움직일 공간이 넓어 점핑이 활발하므로 홍차가 잘 우러난다는 장점을 지닌다. 모슬린 티백은 개당 3~4천 원 정도로 비싼 편이다.

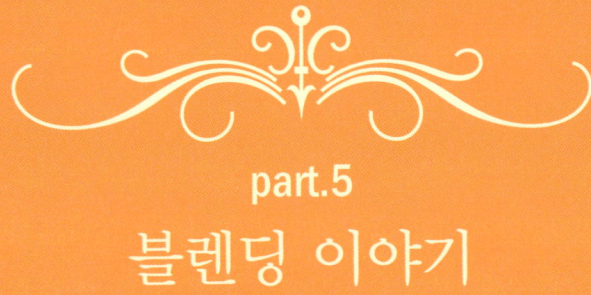

## part.5
# 블렌딩 이야기

블렌딩(blending, 배합)이란 홍차에 향이나 우유, 다른 종류의 찻잎을 섞어 배합하는 것을
말한다. 이렇게 만들어진 홍차를 흔히 블렌드 홍차(blended tea)라고 한다. 블렌딩의 재료
와 방법은 매우 다양하기 때문에 블렌드 홍차의 세계 역시 그만큼 다양하고 매력적이다.

# 🫖 홍차의 연금술

홍차 제품 중에는 단일 산지産地의 찻잎만을 이용하여 만든 스트레이트 홍차straight tea도 있지만, 두 군데 이상의 산지에서 나온 찻잎들을 배합하여 만든 블렌드 홍차blended tea도 있다. 홍차는 서로 다른 산지의 찻잎들뿐만 아니라, 과일이나 꽃, 홍차가 아닌 다른 차녹차, 청차, 보이차 등나 허브 등을 배합blending하여 만들기도 한다. 또 각종 향을 첨가하여 만들기도 하는데, 이런 홍차는 특별히 향차香茶, flavored tea로 분류하기도 한다. 향차 역시 블렌드 홍차의 한 종류라고 할 수 있다. 예를 들어 애플티apple tea에는 두 가지 종류가 있는데, 하나는 말린 사과 조각을 직접 홍차와 배합한 블렌드 홍차고 다른 하나는 사과의 향기만을 취하여 홍차에 입힌 향차로서의 애플티다.

그렇다면 이런 홍차의 블렌딩은 애초에 어떻게 시작되었을까? 17세기 후반의 영국에서는 차가 매우 값비싸게 거래되었다. 차는 부의 상징이었고 귀족들은 자물쇠까지 채운 '캐디 박스'라는 이름의 차 전용 상자에 이를 보관했다가 손님이 오면 그 앞에서 상자를 직접 개봉하여 차를 대접하곤 했다. 이때 주인이 상자에서 꺼내는 차는 대개 두 가지 종류였는데 하나는 녹차, 다른 하나는 홍차였다. 둘 중의 하나를 대접하는 경우도 있었으나 두 가지를 섞어서 우려내어 내놓는

캐디 박스

것이 당시 최고의 접대였다. 이처럼 녹차와 홍차를 블렌딩하여 우리는 방법은 앞서 소개한 잡지 《패밀리 이코노미스트》의 1848년 창간호 기사 '맛있는 홍차를 만드는 규칙'에도 나오는 내용이다.

한편, 차 상인들은 차가 너무나 고가였기 때문에 여기에 차보다 값싼 무언가를 섞어서blending 팔고자 하는 유혹에 빠지지 않을 수 없었다. 순금純金에 구리나 은을 섞어 18k나 14k를 만들어내듯이 홍차의 연금술鍊金術을 찾아 나선 셈이었다. 당시에는 실제로 중국 홍차에 감초나 다른 약재들을 섞어서 팔기도 했다. 이런 노력은 같은 무게의 은銀보다 비싸게 거래되던 정산소종을 흉내 내기 위한 그레이 백작과 그 휘하 상인들의 연구로까지 이어졌고, 그 결과로 향차의 일종인 얼 그레이가 탄생하게 되었다.

이렇게 시작된 홍차 블렌딩은 그 효용이 입증되면서 순식간에 수백 가지의 블렌딩 기술을 낳았다. 순금은 너무 유연해서 장신구나 펜

촉용으로 사용할 수 없지만 18k나 14k에서는 이것이 가능해지는 것과 마찬가지로, 블렌드 홍차는 스트레이트 홍차의 너무 강하거나 혹은 너무 약한 풍미를 중화시킬 수 있는 길을 열었고, 이는 특정 홍차 제품의 품질 균등화를 가능케 했다. 게다가 블렌딩은 중산층에 공급할 수 있는 중저가 제품의 생산도 가능케 해주었다.

점차 기술이 발달하고 블렌딩의 종류가 다양해지면서 나중에는 블렌드 홍차가 스트레이트 홍차보다 더 좋은 홍차라는 인식까지 생겨났다. 홍차에 우유를 섞은 밀크티가 보급되고 다양한 고급 향차들이 쏟아져 나오면서 이런 인식의 전환에는 가속도가 붙었고, 오늘날에는 대부분의 홍차 제품들이 블렌드 홍차라고 해도 과언이 아닐 정도로까지 발전했다. 또 유럽이나 일본 등 홍차를 많이 소비하는 나라의 대도시에는 개인적 취향을 고려하여 각종 차들을 혼합하거나 향을 첨가해주는 개인 맞춤형 홍차 블렌딩 전문 숍과 전문 기술자들까지 생겨나고 있다. 홍차의 블렌딩은 홍차와 다른 한 가지 혼합물만을 배합하는 것이 아니라 몇 가지 혼합물을 동시에 배합하기도 하기 때문에 그 방법과 비율 및 기술의 종류를 나열하기가 어려울 정도다. 홍차 블렌딩의 최고 경지는 저마다의 입맛과 기호에 따라 이런저런 차, 과일, 꽃, 향기 등을 두루 섞어서 자기만의 고유한 블렌드 홍차를 만들어내어 마시는 것이라 하겠다.

이런 블렌딩 기술의 다양화와 발전에 있어서 가장 획기적인 공헌을 한 사람은 립턴Lipton사의 창업주 토마스 립턴이었다. 그는 균일하고 획일적인 맛을 내기 위한 찻잎들의 배합이라는 기존의 방식을 버리고, 런던, 스코틀랜드, 아일랜드 등의 서로 다른 수질水質을 고려한 블렌드 티를 만들어내어 판매하기 시작했다. 런던에서만 그 맛이 제대로 나는 홍차, 스코틀랜드에서만 맛볼 수 있는 홍차, 아일랜드에서만 그 향을 제대로 느낄 수 있는 차들이 립턴의 블렌딩 기술에 의해 탄생한 것이고, 이는 런던 사람들과 스코틀랜드 사람들과 아일랜드 사람들에게 각각 저마다의 고유한 홍차가 존재한다는 환상을 심어주었다. 이후 영국에서는 전문 블렌딩 기술자들이 만든 블렌드 홍차를 마시는가, 아니면 값싼 스트레이트 홍차나 만인을 위해 만들어진 중저가의 블렌드 홍차를 마시는가에 따라 신분이 구별될 정도에 이르렀다.

블렌딩을 크게 발전시킨
립턴의 홍차 광고

# 🫖 차와 차의 블렌딩

홍차의 블렌딩에서 가장 기본이 되는 것은 서로 다른 홍차와 홍차, 혹은 홍차를 베이스로 하되 홍차 아닌 다른 차를 배합하는 방식이다. 초기 영국의 귀족들이 그랬던 것처럼 녹차와 홍차를 배합한 블렌드 홍차가 있을 수 있고, 세계 3대 홍차인 기문, 우바, 다즐링을 같은 비율로 배합한 블렌드 홍차가 있을 수 있는 것이다. 이렇게 블렌딩된 차에 우유나 설탕을 다시 블렌딩할 수 있는 것은 물론이다.

한편 홍차를 반드시 베이스로 하여야 홍차 블렌딩이라고 할 수 있는 것만도 아니다. 예컨대 보이차를 베이스로 하고 다른 스트레이트 홍차 몇 가지를 배합하는 방식의 블렌딩도 가능하다. 이처럼 스트레이트 홍차를 서로 배합하는 방식의 블렌딩에서는 각 홍차들의 기본 향과 맛, 탕색을 사전에 파악하여 적절히 활용하는 일이 중요하다.

예컨대 인도산 홍차들은 대체로 꽃향기가 강하고, 스리랑카산 홍차들은 홍차 본연의 부드러운 맛을 지니고 있어 어떤 것과도 잘 어울린다. 그 가운데 우바는 우유와 섞일 때 최고의 맛을 내고, 캔디는 아름다운 색깔을 내며, 루후나는 이국적인 향기가 강하다. 자바와 케냐산 홍차 역시 맛이 부드럽고 탕색이 아름다워 베이스로 활용하기 적당하며, 얼 그레이는 그 자체로 이미 블렌드 홍차지만 역시 베이스로 활용되어 기품 있는 향을 만들어낸다.

## 🫖 홍차와 향신료의 블렌딩

홍차에 특별한 향을 더해주는 대표적인 향신료에는 카르다몸, 생강, 시나몬, 육두구, 정향, 후추 등이 있다. 이런 향신료는 한 가지만을 사용하기도 하지만 대개는 두 가지 이상을 섞어서 활용하며, 이렇게 배합된 혼합 향신료를 인도에서는 마살라masala라고 한다. 홍차와 향신료를 블렌딩할 때는 티 포트에 찻잎과 향신료, 혹은 마살라를 함께 넣고 뜨거운 물을 힘차게 부어 찻잎의 점핑jumping이 일어나게 해야 한다. 향신료는 가루 형태의 것을 사용하거나 원형原型의 것을 절구로 곱게 빻아서 사용한다.

카르다몸carudamon, 小豆蔻은 열대 산악지대에 널리 자생하고 있는 관엽수로 그 열매가 향신료로 이용된다. 열매는 타원형으로 녹색을 띠고 있다. 카르다몸은 가장 오래되고 귀한 향신료 중의 하나이며, 사프란, 바닐라 다음으로 비싼 향신료이기도 하다. 상쾌한 향에 자극적인 쓴맛을 낸다. '향기의 왕'이라고 불리며, 대표적으로 카레 요리에 이용된다. 고가의 향신료이기 때문에 중동에서는 손님을 접대할 때 극진히 대접한다는 의미로 커피에 넣기도 한다. 카르다몸은 몸을 따뜻하게 하기 때문에 호흡기 질환에 좋고, 유제품 알레르기 증상을 중화하며 신장에도 좋다. 카르다몸은 향이 쉽게 날아가 버리기 때문에 분말 상태보다는 통째로 소량씩 구입하는 것이 좋다. 특히 분말에서 장뇌樟腦, camphor 향기가 나는 것이 신선하고 좋은 것이다. 원산지는 인도이고, 주산지는 인도, 스리랑카, 과테말라, 코스타리카, 탄자니아 등이다.

우리에게도 친숙한 생강生薑, ginger은 오래전부터 과자나 음료 등에 이용되던 향신료다. 과자나 음료에는 날것이 아니라 단맛이 강한 말린 생강을 주로 이용하며, 인도에서는 인도 전통의 블렌드 홍차라고 할 수 있는 차이chai의 재료로 이용된다. 자극적인 향과 여운이 남는 단맛이 특징이고, 홍차에 넣으면 떫은맛을 중화시킨다. 대사 촉진과 진통 억제, 해열 효과가 있다.

시나몬cinnamon은 녹나무과에 속하는 나무육계, 실론육계, 계수나무 등의 껍질을 벗겨서 건조시킨 향신료다. 향신료로 이용하는 것은 이들 나무의 속껍질이다. 일반적으로 약간의 매운맛과 단맛을 동반한 청량감,

독특한 방향성이 특징이다. 가장 오래된 향

신료 중의 하나로 향기가 좋아 옛날부터 귀

하게 여겨졌다. 성서에는 모세가 성유<sub>聖油</sub>

속에 시나몬을 섞어 사용했다는 기록이 있

고, 로마의 폭군 네로 황제는 자신이 가장

아끼는 애첩이 죽자 로마에서 사용할 1년

분에 해당하는 시나몬을 태워서 사랑을 표

현했다는 일화도 있을 정도다. 현재 유통되는 시나몬의 대부분은 스

리랑카에서 생산된다. 시나몬은 스틱과 파우더 형태로 만들어 향신

료로 사용하는데, 요리에 쓰면 단맛을 한층 상승시키는 효과가 있기

때문에 설탕이 많이 들어가는 케이크나 빵 등에 쓰인다. 달콤하고 청

량한 향이 위의 운동을 향상시키고 위액 분비를 촉진해 소화를 돕는

다고 알려져 있으며, 인도에서는 복통 및 설사 치료약으로 쓰인다.

홍차에 첨가하면 떫은맛을 줄여 순하게 만들어주는 효과가 있다.

육두구<sub>肉荳蔲</sub>, nutmeg는 인도네시아 몰루

카 제도<sub>Molucca Is.</sub>가 원산지인 상록활엽교

목으로, 높이가 20m에 달하는 나무다.

그 열매는 핵과<sub>核果</sub>로서 길이가 4~6cm이

며, 성숙하면 살구같이 보이고 안에 종

자가 들어 있다. 이 종자 역시 육두구라 하며, 이를 말려서 향신료로 이용한다. 영어 이름인 너트메그nutmeg는 '사향麝香 향기가 나는 호두'라는 뜻이다. 산뜻하고 상쾌한 향, 순한 쓴맛이 난다. 아삼, 기문, 루후나 홍차와 잘 어울린다.

정향丁香, clove 역시 육두구와 마찬가지로 몰루카 제도가 원산지이며 상록소교목이다. 줄기는 높이 4~7m이고, 꽃은 흰색으로 가지 끝에 모여 달린다. 꽃이 피기 전의 꽃봉오리를 수집하여 말린 것을 정향이라 하는데, 정丁은 꽃봉오리의 형태가 못처럼 생겼기 때문이고 향香은 향기가 있기 때문이다. 영어 이름 클로브clove도 프랑스어 클루clou, 못에서 유래되었다. 매우 향기로우므로 그대로 또는 분말로 사용하고, 물이나 증기로 빼낸 정향유를 활용한다. 홍차에 이국적인 맛과 향을 더해준다.

후추black pepper는 인도 남부가 원산이며 주로 열대 지방에서 향신료로 가꾼다. 나무는 8m 내외까지 자라며, 열매는 둥글고 지름은 5~6mm 정도이다. 붉게 익다가 완숙하면 검은색으로 변한다. 성숙하기 전의 열매를 건조시킨 것이 후추 또는 검은 후추이고 겉에 주름이

져 있으며 흑색을 띤다. 성숙한 열매의 껍질을 벗겨서 건조시킨 것은 색깔이 백색이기 때문에 흰 후추라 하고 향기가 검은 후추만큼 강하지 않아 상품 上品으로 취급된다. 가루로 만들어 사용한다.

# 🫖 허브와 과일 블렌딩

식물의 꽃, 잎, 줄기 등을 건조시킨 허브herb는 그것 자체가 대용차로 많이 애용된다. 이러한 허브차의 재료들은 거의 모두 홍차와의 블렌딩이 가능하다고 할 수 있고, 이로써 본연의 홍차에는 없던 맛과 향, 효과를 즐길 수 있게 된다. 허브는 수백 가지 종류가 넘고 시중에 유통되는 것만도 수십 가지 이상이므로 우선은 자신이 이미 이용해 본 경험이 있는 허브를 골라 홍차와의 블렌딩을 시도해보는 것이 순서다.

홍차와 허브를 블렌딩할 때에는 홍차의 선택도 중요한데, 개성적인 허브와 어떤 홍차가 어울릴지 판단하기 어렵다면 먼저 홍차 가운데 개성이 약한 것으로 알려진 스리랑카산 캔디에 허브를 배합하여 티 포트에 넣고 우려본다. 허브로는 캐모마일, 민트, 로즈메리, 바질 등이 애용된다. 물론 홍차든 허브든 한 가지만을 이용해야 하는 것은 아니다. 한 가지 홍차에 두 가지 허브, 두 가지 홍차에 세 가지 허브 등 다양한 방식으로 블렌딩이 가능하다. 또 홍차와 허브만을 배합하는 것이 아니라 여기에 앞서 소개한 향신료를 첨가할 수 있으며, 이 때에도 각각 한 가지씩만을 배합해야 하는 것은 아니다. 예컨대 이미 블렌드 홍차인 얼 그레이에 허브인 민트와 캐모마일을 배합하고 여기에 다시 카르다몸을 첨가하는 식의 배합도 얼마든지 가능하다.

홍차는 과일, 특히 생과일과도 잘 어울리는 차다. 홍차에는 기본적으로 다양한 형태의 꽃향기가 포함되어 있는데 이 꽃향기와 과일향, 그리고 홍차 고유의 맛과 과일의 맛이 어우러져 색다른 블렌드 홍차가 만들어진다. 가장 많이 애용되는 과일은 사과와 딸기다. 그밖에 감귤, 복숭아, 포도, 멜론, 파인애플, 오렌지 등이 이용된다. 대부분의 과일은 작고 넓적하게 잘라 이용하고, 각자의 솜씨에 따라 찻잔과 어울리게 모양을 낸다.

얼음을 넣어 차게 만든 아이스티에도 과일은 잘 어울린다. 뜨거운 홍차에 이용되는 과일은 차가운 아이스티에도 그대로 이용될 수 있으며, 한 가지 과일이 아니라 두세 가지 과일을 동시에 이용하여 프루츠 믹스드 아이스티fruits mixed iced tea를 만들 수도 있다.

여기서 더 나아가면 홍차 펀치tea punch가 된다. 펀치는 숫자 5를 의미하는 산스크리트어에서 유래한 말로 옛날 인도의 왕이 차가운 홍차에 다섯 가지 과일을 넣고 포도주를 섞어서 즐겼다는 데에서 유래되었다.

홍차 펀치를 만드는 법은 다음과 같다. 2L 이상 되는 큰 유리 펀치볼을 준비하고 여기에 아이스티와 레드와인을 붓고 설탕 시럽을 넣어 충분히 저어가며 잘 섞어준다. 먹기 알맞은 크기로 썰어놓은 각종 과일을 넣고 얼음을 띄운 다음 탄산수를 적당량 섞는다. 여기에 꽃이나 허브 등으로 장식까지 마치면 여름철 티 파티를 위한 최고의 홍차

펀치가 된다.

　홍차 펀치에 레드와인을 섞는 것이 인상적인데, 이처럼 홍차는 와인이나 벌꿀, 기타 음료 및 주류와도 잘 어울리는 차다. 따라서 각자의 기호에 따라 각종 칵테일과 혼합 음료를 만들어 마실 수 있는 것이 홍차 블렌딩이다.

# 🫖 다양한 밀크티

홍차와 우유를 블렌딩하는 밀크티milk tea는 시중의 홍차 전문점에서 가장 흔하게 접할 수 있는 메뉴이자 누구나 집에서 쉽게 따라 만들 수 있는 대표적인 블렌드 홍차 가운데 하나다. 영국식 정통 밀크티를 만들기 위해서는 우선 컵을 뜨거운 물로 충분히 데워놓아야 한다. 예열된 컵에 저온살균 우유를 30ml 정도 먼저 붓고, 그 뒤에 뜨거운 홍차를 붓는다.

밀크티에 어울리는 맛을 지닌 홍차로는 기문, 다즐링, 우바, 잉글리시 브렉퍼스트 등이다. 이 중 잉글리시 브렉퍼스트는 아삼, 실론, 케냐, 기문 등의 홍차를 베이스로 하여 만든 블렌드 홍차이며, 트와이닝, 포트넘 앤 메이슨, 딜마, 립턴 등 대부분의 홍차 브랜드들에서 이 명칭의 블렌드 홍차를 제조하여 판매하고 있다.

차의 아름다운 탕색을 원한다면 우바나 아삼 등을 사용하는 것이 좋은데, 아삼은 CTC 방식으로 제조된 차를 사용하는 것이 좋다. 밀크티는 과자류의 다식과 함께 먹으면 풍미를 더욱 잘 느낄 수 있다.

영국식 정통 밀크티 외에 다양한 형태의 변형 밀크티들도 있다. 로열 밀크티나 인도 사람들이 매일 같이 마시는 차이가 대표적이다.

로열 밀크티royal milk tea는 홍차와 우유의 비율이 거의 1:1인 차다. 로열 밀크티를 만들기 위해서는 우선 물 200ml를 밀크팬이나 작은 냄비 등에 넣고 끓인 뒤, 이 뜨거운 물에 찻잎을 넣어 2~3분 동안 다시 약한 불에서 우려낸다. 그 다음 물의 양과 같은 양의 우유를 넣고 다시 가열하다가 우유에 기포가 생기기 시작하면 멈춘다. 설탕이나 시럽 등을 적당량 섞고, 스트레이너로 차를 걸러내면 로열 밀크티가 완성된다.

위와 같은 방식으로 만든 로열 밀크티는 우유에 찻잎을 넣고 끓이는 스리랑카식 차이에서 유래한 것이며, 일본인들이 이를 변형하여 로열 밀크티라는 이름을 붙였다고 한다. 여기서 '로열'이란 말은 일반적인 밀크티에 비해 우유가 많이 들어갔기 때문에 붙은 것이다. 반면에 영국 사람들이 말하는 로열 밀크티는 홍차에 스카치위스키Scotch whisky를 넣은 블렌드 홍차를 말한다. 이름은 같지만 누가 말하느냐에 따라 전혀 다른 종류의 홍차를 의미하는 경우다.

스리랑카의 밀크티스리랑카 차이도 영국의 그것과는 상당한 차이가 있지만, 인도에도 역시 영국식 밀크티와는 다른 그들만의 밀크티가 있다. 인도인들은 이를 차이chai, 차라고 부른다. 손냄비나 밀크팬에 찻잎과 우유를 함께 넣고 끓이는 것은 스리랑카식 차이와 크게 다르지 않다. 하지만 인도인들은 여기에 시나몬, 카르다몸, 정향 등의 향신료를 함께 넣고 끓인다. 이처럼 향신료를 섞은 혼합 향신료를 인도에서는 마살라masala라고 하며, 그래서 인도인들은 자신들의 밀크티를 차

이, 혹은 마살라 차이라고 부른다. 마살라 차이에 감미료를 넣으면 인도만의 독특한 밀크티가 완성된다. 마살라 차이는 향신료에서 우러나온 자극적이고 강한 향과 달콤한 맛이 특징이며, 감기에 효과가 있다.

시중에서 흔히 접할 수 있는 티백 홍차로도 밀크티를 만들 수 있다. 티백 밀크티를 만들기 위해서는 우선 끓인 물을 담은 컵에 홍차 티백을 넣고 5분 정도 우려낸다. 다 우러나면 티백을 꼭 짜준다. 미리 데워둔 우유에 홍차를 넣고 감미료를 첨가하면 티백 밀크티가 완성된다. 티백 밀크티는 티백을 이용해서 만들기 때문에 간편하여 바쁜 일상에서도 쉽게 즐길 수 있다는 것이 장점이다.

## 🫖 아이스티를 만드는 두 가지 방법

아이스티가 처음 탄생한 것은 지금으로부터 약 100여 년 전이다. 1904년 여름, 미국 세인트루이스 만국박람회에서 인도산 홍차를 팔던 영국인 상인 R. 블레친든Richard Blechynden은 인도산 홍차가 잘 팔리지 않자 몹시 실망하고 있었다. 그러다 우연히 떠오른 반짝이는 아이디어가 있었으니, 이것이 바로 얼음 위에 홍차를 부어 만든 최초의 아이스티였다.

무더운 여름날 인파로 붐비는 전시장에서 차고 시원한 홍차를 마실 수 있다는 말에 사람들은 그야말로 구름떼처럼 몰려들었고, 이 차는 박람회의 히트상품이 되어 후에 정식으로 상품화되기에 이르렀다. 뜨거운 차가 갈증을 해소시켜준다고 생각한 영국인들과 달리 미국인들은 차가운 아이스티에 열광했던 것이다. 아이스티는 지금까지도 세계인이 즐기는 음료로 자리 잡았다. 홍차의 역사에서 미국인들도 나름대로 지대한 공헌을 했는데, 아이스티를 만들어낸 것과 티백을 만들어낸 것이 대표적이다. 최근에는 홍차 블렌드에 대한 유럽인들의 고정관념을 깨고 미국인들이 더욱 활발히 다양한 블렌드 홍차들을 개발해내고 있다.

이처럼 우연한 기회에 한 상인에 의해 발명된 아이스티를 만드는 방법에는 크게 두 가지가 있다.

첫째는 급랭법急冷法으로 다음과 같이 만든다.


① 예열한 티 포트에 찻잎을 보통 때보다 조금 많이 넣는다.

② 티 포트에 끓인 물을 붓고 3분 정도 우려낸다.

③ 얼음을 컵의 60~70%까지 채우고 그 위에 홍차를 붓는다.
    이때는 물줄기를 좀 세게 하는 것이 좋다.

④ 홍차를 저으면서 얼음을 더 넣는다.

⑤ 감미료를 적당히 넣어 완성한다.


아이스티를 만들 때 주의할 점은 평소보다 두 배 정도 진하게 탕을 우려내야 한다는 것과, 뜨거운 차를 급랭시켜야 한다는 것이다. 이렇게 해야 홍차 특유의 맛과 향을 보전할 수 있다. 아이스티를 만들기에 적합한 홍차는 다즐링 첫물차, 실론의 BPBroken Pekoe, 아삼과 케냐의 CTC 등이다.

아이스티를 만드는 두 번째 방법은 냉침법冷沈法이다. 그 방법은 다음과 같다.


① 급랭법에 의한 아이스티와 마찬가지로 찻잎을 평소보다 많이
    준비한다.

② 유리병에 찻잎과 실온의 물을 넣고 밀폐한다.

③ 냉장고에 넣고 12시간에서 하루 정도 기다린다.

④ 우러난 홍차를 얼음이 담긴 잔에 붓고 감미료를 넣는다.

밀크티와 아이스티가 결합된 아이스 밀크티는 급랭법이나 냉침법으로 만든 아이스티에 차가운 우유를 부어주기만 하면 완성된다. 역시 기호에 따라 감미료를 넣어 마신다.

# 🫖 레몬티

1935년 음료 전문가 유커스가 지은『홍차의 모든 것』이라는 책에는 다음과 같은 레몬티의 제조법이 소개되어 있다.

① 1인분에 1티스푼의 홍차와, 1/2로 자른 레몬을 준비한다.
② 그릇에 레몬을 짜서 넣고 1/2파인트<sub>약 0.3L</sub>의 뜨거운 물을 붓는다.
③ 예열된 티 포트에 찻잎을 넣고 ②의 레몬탕을 부어 약 4분 정도 둔다.
④ 시간이 되면 티 포트에 적당량의 뜨거운 물을 더 넣고 덮개를 씌워 다시 3분간 둔다.
⑤ 뜨거운 차로 마실 경우, 차를 잔에 따르고 새로운 레몬 슬라이스를 잔에 띄워 장식한다.
⑥ 여름에 시원하게 마시고자 할 때에는 우선 뜨거운 차와 같은 방법으로 만든 다음, 완전히 식혀서 얼음이 든 유리컵에 따른다. 레몬이나 오렌지 슬라이스를 띄우는 것은 뜨거운 차와 같다.

책이 출간된 연도에서 알 수 있듯이 레몬티의 역사도 꽤 오래되었음을 미루어 짐작할 수 있다. 영국에서는 레몬티를 '러시안 티'라고도 부른다. 빅토리아 여왕이 러시아를 방문했을 때 레몬이 든 홍차를

대접받고 귀국하여 '러시아의 홍차 속에는 레몬이 들어 있었다'고 전한 것이 유래가 되었다.

레몬은 향기가 없는 아이스티에 넣는 것이 좋다. 레몬티를 우려내기에 좋은 차는 실론, 자바, 아삼 등 부드러운 종류다. 긴 시간 넣어두면 레몬 특유의 쓴맛이 우러나게 되므로 잠깐만 넣었다 빼야 한다. 홍차에 레몬을 넣으면 레몬의 구연산과 홍차의 색이 혼합되어 전체적으로 탕색이 옅어지는 것을 볼 수 있다.

# part.6

# 홍차와 티 푸드

홍차를 즐길 때 빠질 수 없는 것이 바로 다식(茶食), 티 푸드(tea food)다. 영국의 애프터 눈 티도 다과회(茶菓會)의 형태로 시작되었으며, 영국인들은 '차와 다식이 입 안에서 섞 이며 만들어내는 특별한 맛을 즐기는 것이야말로 생활의 가장 큰 행복'이라고 말하고 있다.

## 🫖 홍차와 티 푸드

　오늘날 홍차와 더불어 가장 흔히 즐기는 다식은 아마도 케이크일 것이다. 하지만 홍차 문화의 초창기부터 케이크가 홍차 다식으로 애용되었던 것은 아니다. 18세기의 영국에서는 '티가든tea garden'들이 막 문을 열고 있었는데, 이때의 주主 메뉴는 '브레드 앤 버터bread and butter, 버터 바른 빵'였다. 당시만 해도 지금처럼 티 푸드가 다양하지 않아서 토스트나 티 샌드위치 등의 다식만이 존재했다. 케이크는 무엇보다 그렇게 저렴하게 즐길 수 있는 다식이 아니었다.

　산업혁명이 완료된 19세기 후반 이후에야 그동안 비싸서 티 푸드가 되지 못했던 케이크가 홍차의 친구가 되었다. 이는 케이크의 가격이 그만큼 싸졌기 때문이고, 케이크의 가격이 싸진 것은 주원료 가운데 가장 비싼 설탕의 가격이 싸졌기 때문이다. 설탕의 가격이 싸진 것은 무역이 발달하고 수입량이 급증한 덕분이었다. 이 시기에는 동시에 차의 수입량도 엄청나게 증가했다.

　그렇다고 모든 사람들이 똑같이 제대로 된 영국식 케이크밀가루에 달걀, 버터, 우유, 설탕, 설탕에 절인 과일, 향료, 와인을 섞어 반죽한 것을 구워낸 과자 형태를 먹을 수 있었던 것은 아니다. 귀족들은 정통 케이크 가운데 하나인 값비싼 플럼 케이크plum cake를 먹었지만 서민들은 쇼트케이크short cake, 버터나

마가린과 같은 유지를 듬뿍 배합하여 만든 바삭바삭한 쿠키류나 비스킷biscuit, 밀가루에 물이나 우유를 넣고 반죽하여 이스트를 넣지 않고 구워낸 빵류을 주로 먹었다.

케이크, 비스킷, 브레드 앤 버터 외에 롤빵, 번bun, 샌드위치, 스콘scone, 마들렌madeleine 등도 홍차와 함께 즐기는 대표적인 티 푸드다.

이 가운데 스콘은 영국인들이 가장 즐기는 티 푸드 중의 하나로 속을 넣지 않고 구운 밀가루 빵이다. 반으로 잘라 크림, 잼, 버터 등을 발라 먹는다. 스콘과 밀크티를 함께 즐기는 것을 '크림티cream tea'라고 부르며, 이것이 애프터눈 티의 기본이다. 스콘은 밀크티뿐만 아니라 스트레이트 티에도 잘 어울린다. 또한 스콘은 초기에는 딱딱하고 얇은 형태였으나 시대가 흐르면서 부푼 빵의 모양을 갖추게 되었다.

마들렌도 홍차와 잘 어울리는 짝꿍이다. 마들렌은 밀가루, 달걀, 설탕, 버터, 쇼트닝 등을 배합한 말랑말랑한 반죽을 마들렌 틀편평한 컵케이크 틀에 흘려 넣어 구운 과자로, 흔히 컵케이크라고 부르는 과자 중 하나다. 달걀과 유지를 많이 써서 연하고 가볍게 만든 것이 고급품이며, 영국에서는 가장 흔한 과자의 일종이다.


이 외에 국내에서도 쉽게 구할 수 있는 카스텔라나 도넛 등도 홍차 티 푸드로 적당하며, 화과자도 진한 홍차에 잘 어울린다.

홍차 전문점이나 호텔 등에서 티 푸드와 함께 제공되는 홍차를 주문하면, 다양한 티 푸드들이 2단이나 3단으로 된 트레이에 멋들어지게 담겨져 나오는 것을 볼 수 있다. 이 경우 위로 갈수록 단 티 푸드를 배치하는 것이 원칙이며, 따라서 티 푸드를 먹을 때는 밑에서부터 먼저 먹는다.

## 🫖 홍차 아포가토

　보통 아포가토affogato라고 하면 바닐라 아이스크림에 진한 에스프레소 커피를 끼얹어 만들어낸 디저트를 생각하게 된다. 하지만 커피가 아니라 홍차를 이용해 만드는 홍차 아포가토black tea affogato 또한 이에 뒤지지 않는 매력이 있다.

　아포가토는 이탈리아어로 '끼얹다', '빠지다'라는 뜻이다. 이탈리아에서는 젤라또gelato, 이탈리아어로 '얼었다'는 의미에 에스프레소를 끼얹는다고 하여 젤라또 아포가토gelato affogato라고도 한다.

　홍차 아포가토를 만드는 방법은 간단하다. 홍차(60ml 정도)를 우려내어 아이스크림(2스푼 정도) 위에 끼얹으면 된다. 홍차 아포가토는 홍차의 약간 쓴 맛과 아이스크림의 달콤한 맛이 조화를 이루어 환상적인 맛을 만들어낸다.

## 🫖 홍차 티 푸드의 유래 이야기

세상에 홍차용 티 푸드라고 딱히 정해진 음식이 별도로 있는 것은 아니다. 하지만 스콘, 샌드위치, 쿠키, 마들렌, 케이크, 카나페 등은 홍차와 어울리는 대표적인 티 푸드로 간주된다. 이런 티 푸드들이 어떻게 생겨나고 발달해왔는지 그 유래에 관한 이야기를 살펴보자.

먼저 스콘scone의 유래에 관하여는 두 가지 설이 있다. 본래 스콘이란 이름은 스코틀랜드 왕의 대관식에 사용되던 그들의 성스러운 돌의 명칭으로, 후에 잉글랜드가 이를 빼앗아갔다고 한다. 그러다가 약 700년의 세월이 흐른 뒤에야 엘리자베스 여왕이 이 돌을 돌려주

었다. 당시의 스코틀랜드 국민들은 마치 나라를 되찾은 것처럼 기뻐했고, 이를 기념하기 위해 과자 이름에 이 돌의 이름을 붙이게 되었다는 것이다. 이 돌은 현재 에든버러 성에 보관 중이라고 한다. 다른 설은 네덜란드 말로 '아름다운 빵'이라는 뜻의 스쿤브롯schoonbrot에서 비롯되었다는 것이다.

스콘은 처음에는 딱딱하고 얇았는데 화학 팽창제인 중탄산나트륨을 사용하고 버터와 우유 등을 배합하면서 지금과 같이 통통하고 부푼 모양이 되었다. 스코틀랜드에서 처음 만들기 시작한 스콘은 영국인들이 잼이나 크림 등을 곁들여 오후 티타임에 내놓으면서 세계적

으로 알려졌다. 보리나 오트밀, 밀가루를 이용해 만들어 부드러우면서도 바삭바삭하고, 촉촉한 느낌이 든다. 스콘은 각종 허브를 넣어 달지 않게 만들기도 하고 마른 과일, 바나나, 물기를 꽉 짠 파인애플 등 수분이 많지 않은 과일이나 견과류를 넣어 만들기도 한다.

샌드위치sandwich는 동서양을 뛰어넘어 지구촌의 인기 식품으로 탄탄히 자리를 굳힌 음식이다. 옛날 영국의 샌드위치라는 항구 도시에는 초대 해군 제독이며 정치가인 존 몬터규 일가가 살고 있었는데, 몬터규는 샌드위치 백작이라는 작위도 가지고 있었다. 카드놀이를 너무나 좋아했던 백작은 가끔 식사할 시간을 잊을 정도로 친구들과 더불어 카드놀이에 빠지곤 했다. 식사 시간조차 아까웠던 그는 어느 날부터인지 직접 주방에 가서 빵의 가운데를 자르고 팬에 올려 구운 다음, 야채와 구운 고기 몇 조각을 그 위에 올려 덮어 가지고 부리나 케 돌아와 다시 카드놀이에 열중하곤 했다. 같이 카드놀이를 하던 사람들은 이를 보고 참 간단하면서 요긴한 식사라고 생각했다. 그 후 여러 곳의 도박장에 있던 귀족들이 이를 보고 따라 하면서 이 식사법이 점차 퍼져 나갔다. 주위에서 그 요리 이름이 무엇인지 묻자 그냥 샌드위치 백작이 만들어 먹는 것을 보고 따라 했다고 해서 그 백작의 이름을 붙인 것이 샌드위치라는 음식이다. 그러나 이런 형태는 이미 로마인들이 2,000년 전에 먹기 시작했다고 한다.

달걀을 넣은 샌드위치는 미국의 서부 개척 시대에 냉장고가 없어 상한 음식의 냄새를 감추기 위해 빵 사이에 달걀을 으깨서 넣고 먹기 시작한 것이 시초라고 한다. 로마인들로 시작해서 영국의 샌드위치 백작이 대중화시킨 샌드위치는 미국에서만 현재 한 해 22억 개 이상이 소비되고 있다.

쿠키cookie는 네덜란드어 '쿠오레cuore, 작은 케이크라는 뜻'에서 나온 말이다. 이 말이 여기저기 퍼지고 발전하면서 나라마다 이름과 유래가 조금씩 달라졌다.

우리가 흔히 쓰는 쿠키라는 말은 미국식 표기법이다. 여러 종류의 달콤한 소형 과자를 일컫는데 주로 반죽해서 잘라내거나 숟가락으로 만들어서 먹는 것을 일컫는다. 영국에서는 비스킷이라 부른다. 19세기 초 나폴레옹의 군대가 비스케라는 항구에서 정박하다가 식량이 떨어지자 남은 재료를 물에 반죽해서 잘게 떼어 철판에 구워 먹은 것이 시초라고 하며, 이후 비상식량으로 널리 이용되면서 영국을 대표하는 과자로 발전했다. 프랑스에서는 사블레sablé라고 부르는데 노르망디 지방에서 처음 만들어졌고 바삭바삭한 감촉이 느껴진다는 데서 붙여진 이름이다.

서양의 7월 22일은 '성녀 마들렌의 날'로, 작은 조개 모양의 과자인 마들렌madeleine을 만들어 수확의 기쁨을 축하하고 성녀 마들렌에게 감사하는 명절이다. 명과名菓 마들렌은 이날에서 유래했다고 전해진다. 하지만 보다 신빙성 있는 유래담도 있다. 마들렌을 처음 만든 부인의 이름이 마들렌이었다는 설로, 1700년대 중반에 마들렌을 만든 페로텡 드 보몽 부인의 요리사 마들렌 포르미에Madeleine Paulmier라는 여성이 그 주인공이다.

케이크cake의 기원은 과자로부터 찾아볼 수 있다. 과자는 신석기 시대부터 만들어 먹었던 것으로 추정되며, 우묵한 돌그릇에 밀가루와 우유를 넣고 섞은 뒤 그대로 굳혀 떼어낸 것이 바로 과자의 기원이라고 한다. 오랫동안 변화와 발전 과정을 거치면서 과자는 가토gateau, 진과자, 갈레트galette, 팬케이크, 플랑flan, 찐 과자 등으로 발전했다. 기원전 2000년경 이집트인들은 이스트를 활용해서 케이크를 구웠고, 당시 사람들은 이집트인들을 '빵을 먹는 사람들'이라고 표현했다. 그 후 8~9세기의 그리스에서는 이미 달걀, 유지를 넣어 만든 케이크가 100여 종에 달했다. 빵과 케이크의 명칭이 명확하게 분류된 것은 로마 시대부터였다고 하며, 11~13세기에는 십자군 원정으로 동양에서 설탕과 각종 향신료가 유입되어 케이크의 질과 맛이 높아졌고, 산업혁명을 통해 대중화되었다.

카나페canapé의 유래는 프랑스로, 카나페는 '긴 의자'라는 뜻이다. 긴 의자처럼 생긴 식빵을 자른다고 해서 붙여진 이름으로, 샌드위치보다 먼저 생겨났다. 카나페는 오르되브르hors-d'oeuvre, 프랑스식 애피타이저뿐만 아니라 칵테일파티나 양주 안주에도 흔히 쓰이며, 간단한 식사 대용으로도 이용된다. 그러나 주로 오르되브르와 파티용을 전제로 하기 때문에 맛도 중요하지만 모양이 작고 아름다워야 하며 집어 먹기 편하게 만들어져야 한다.

카나페는 빵을 얇게 썰어서 여러 가지 모양으로 잘라 튀기거나 토

스트하여 만드는데, 빵을 그대로 사용하기도 하고 크래커를 이용해 만들기도 한다. 빵 위에 버터를 바른 다음 그 위에 여러 가지 재료<sub>생선</sub> 알, 안초비, 채소, 햄, 훈제 연어, 치즈, 캐비어, 생선 무스 등를 얹어 만든다. 버터를 바르는 이유는 빵을 구우면 수분이 천천히 흡수되기 때문이다.

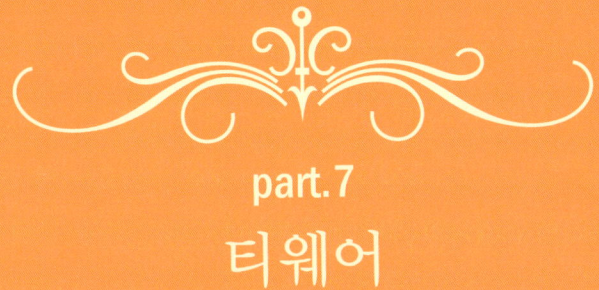

# part. 7
# 티웨어

서양에서는 티타임에 사용되는 모든 홍차 도구들을 티웨어(tea ware)라 부른다. 영국의 홍차 문화를 주도하는 티타임에 사용되는 다양한 재질의 티웨어에는 어떤 종류가 있는지 살펴보자.

# 🫖 티 포트

차를 우려내는 주전자인 티 포트는 중국 명明 왕조의 의흥宜興 차호인 갈색 주전자에서 유래되었다. 17세기에 네덜란드 수입상에 의해 차가 영국으로 유입되면서 찻주전자와 찻잔이 뒤를 이어 전해지게 된 것이다. 이후 영국이 개발한 본차이나bone china, 骨灰瓷器 티 포트는 원형圓形을 기본으로 만들어져 홍차를 위한 티웨어의 중심이 되었다.

17세기에 선호되던 고가의 은 제품을 밀어내고 1L 크기의 원형 티 포트가 표준으로 자리 잡게 된 것은, 18세기 초 일반 가정에서도 사용이 가능한 도자기 티 포트가 개발되면서부터였다.

영국 브라마 뮤지엄에 전시되어 있는 세계에서 가장 큰 티 포트는 원형 형태가 아니라 각이 진 형태로, 800잔을 기본으로 한다고 하니 놀랍고 흥미롭다. 그 외에 과일 모양이나 동물 모양 그리고 사각형, 육각형 등의 다채로운 제품들이 있다.

티 포트에서 주목할 것은 뚜껑이 쉽게 열리지 않도록 실용적인 기능을 갖고 태어난 스토퍼stopper이다. 그리고 티 포트 안의 공기를 원활하게 해주는 뚜껑의 구멍은 차의 맛을 좌우하는 산소의 함량에 영향을 주는 중요한 요소이며, 이 구멍을 막으면 더 이상 찻물이 나오지 않게 하는 역할을 하기도 한다. 이는 주로 도자기 제품에서 만날

수 있는 것이 특징이다.

티 포트의 선택에 있어서는 온도를 잘 유지해주는 도자기 제품이 선호된다. 한편 내열유리 제품은 찻잎이 열대류에 의해 이동하는 모습을 볼 수 있어 역시 인기가 높은데, 그 기능적 특징을 두루 살펴 선택하는 것이 좋다. 티 포트는 재질에 따라 은, 본차이나, 스테인리스, 내열유리 티 포트 등으로 나뉜다.

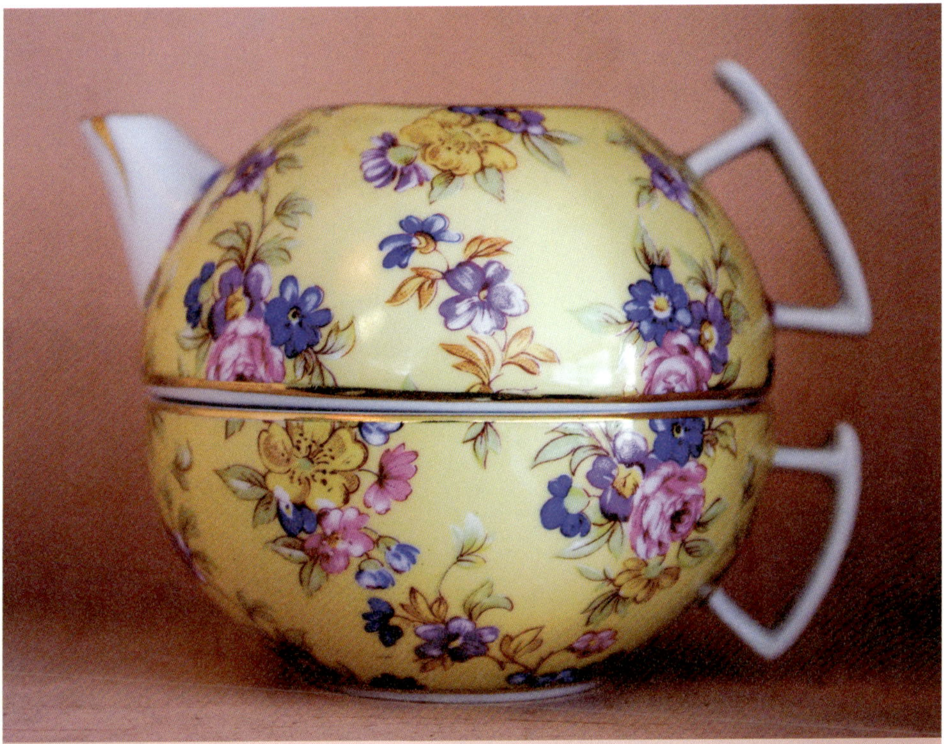
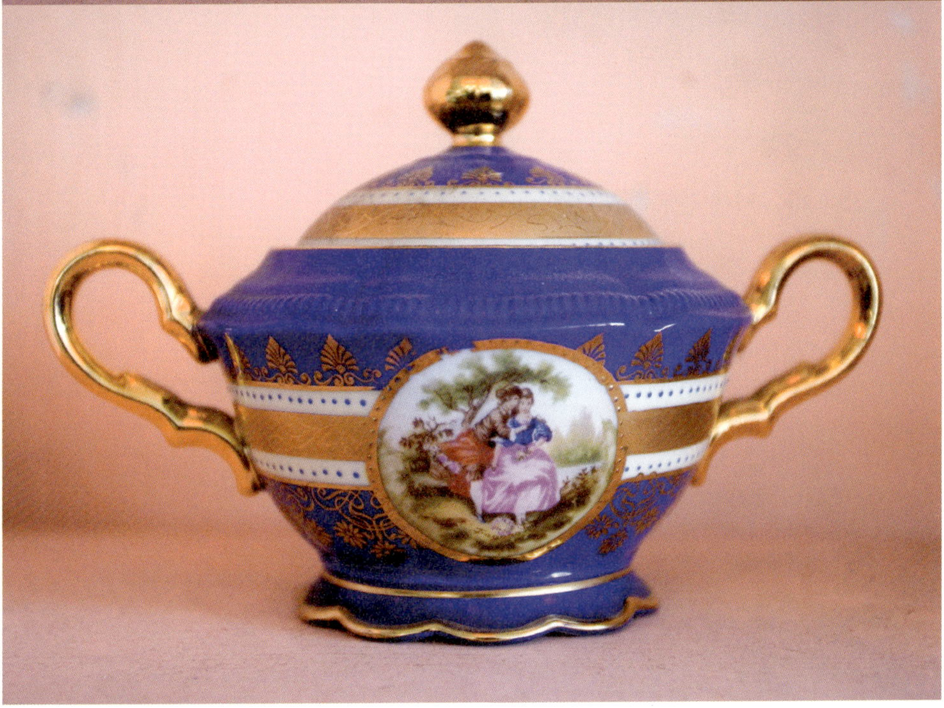

## 🫖 찻잔

오늘날의 홍차용 찻잔tea cup은 대개 잔과 받침인 소서saucer가 결합된 형태로, 초기의 찻잔과는 다른 모양이다. 중국에서 유럽으로 수출된 초기의 찻잔은 높이가 낮고 크기가 작으며 손잡이가 없는 형태였다. 이후 차가 대중화되고 산업혁명을 거치면서 본차이나의 개발로 찻잔의 형태가 변화되었다. 찻잔의 크기가 커지고 손잡이를 달아 기능적 편리성이 높아지면서 홍차 전용 찻잔이 등장하게 된 것이다. 홍차 전용 찻잔은 차의 고운 빛깔을 유지할 수 있도록 깨끗한 도자기 재질로 만들어져야 하고, 뜨거운 찻잔을 안전하게 들 수 있도록 손잡이가 붙어 있어야 한다. 낮고 벌어진 형태의 찻잔, 입술 닿는 부분이 얇고 가벼운 본차이나 재질의 찻잔이 선호된다.

티타임에 따라 찻잔의 재질은 달라질 수 있는데, 화려한 꽃무늬에서 심플한 디자인과 금박무늬까지 종류도 다양하다. 영국에서는 아침에 머그컵에 간편하게 밀크티를 즐기기도 한다.

# 🫖 티 코지

티 코지tea cozy는 티 포트의 온도를 유지해주는 일종의 보온용 덮
개다. 천으로 만들어졌으며 디자인과 모양이 다양하다. 1860년대에
첫 선을 보이면서 영국의 애프터눈 티타임에 빠지지 않는 필수품이
되었다. 빅토리아 시대에는 주로 구슬과 자수를 이용하여 장식했고,
겉감과 안감의 사이에는 거위 털과 양모, 또는 솜을 넣어 보온성을
강화했다. 티타임이 길어지면서 홍차의 생명인 온도 유지를 위해 티
코지는 필수불가결한 티웨어로 인정되었고, 티타임의 분위기를 변
화시켜주는 도구로도 자리 잡았다.

티 코지는 그 형태에 따라 좌우 양쪽이 분리되어 끈으로 매어주는
티 코지, 티 포트를 위에서부터 통째로 덮어주는 반달 형태의 통형
티 코지로 나뉜다. 티타임을 고려해 무늬와 장식이 다양한 제품들이
선보이고 있다. 손으로 직접 자수나 문양을 넣은 핸드메이드 제품들
은 고가로 판매되고 있으며, 시중에서는 다양한 디자인에 저렴한 가
격의 티 코지들도 많이 팔리고 있다.

# 🫖 티 캐디

티 캐디tea caddy는 잎차를 보관하는 용도로 만들어진 차 전용 보관 상자다. 빅토리아 시대에는 두 개의 티 캐디를 함께 사용했는데, 하나에는 홍차를, 다른 하나에는 녹차를 보관했다. 티 캐디는 또 차의 양을 재는 단위 역할도 함께했다. 초기에는 중국제 도자기 제품이 주를 이루었으나 후에는 주석, 나무, 은, 상아, 자기, 스테인리스 등의 재질로 만들어진 다양한 제품들이 선보이게 되었다. 초기의 티 캐디는 고가의 귀중품을 보관하는 보석상자와 같이 취급되었으며, 여기에는 하인들이 함부로 만질 수 없도록 잠금장치가 달려 있기도 했다.

오늘날의 티 캐디는 실용적인 스테인리스 재질로 만드는 것이 일반적이나 도자기 제품이 주문 제작 방식으로 생산되기도 한다. 런던의 풍경을 시리즈로 담아 제작한 티 캐디의 인기가 높고, 특별한 날을 기념하는 티 캐디는 한정 수량으로 제작되어 소장가치가 있으며 장식용으로도 널리 애용되고 있다. 금장 시계가 그려진 '포트넘 앤 메이슨'의 300주년 기념 블랙 티 캐디, 앨리자베스 여왕의 60번째 생일 기념 티 캐디 등이 대표적이다.

포트넘 앤 메이슨의 300주년 기념 블랙 티 캐디 ▶

## 🫖 스트레이너

우린 차를 잔에 따를 때 찻잎을 걸러주는 거름망 역할을 하는 스트레이너strainer는 구멍이 작고 촘촘한 제품을 사용해야 깨끗하게 차를 거를 수 있다. 도자기 제품과 순은, 은도금, 스테인리스 등의 여러 가지 재질로 만들어진다. 이 가운데 특히 순은 제품은 고급스러운 분위기 연출에 적합하다.

도자기 제품은 외형이 아름답고 모양도 다양하여 날개 모양과 일자 손잡이형, 찻잔꽂이형 등이 있다. 그러나 구멍이 다소 커서 차를 깨끗하게 걸러내지 못한다는 단점이 있다.

## ☕ 계량스푼

계량스푼tea measure은 티 캐디 스푼으로도 불리며 티 포트에 차를 넣을 때 사용되는 도구다. 조개껍질 모양이 일반적이다. 초기에는 천연 조개껍질로 만들어 사용하다가 차츰 은으로 만들어 소장하거나 장식품으로 이용했다. 현재도 조개껍질 모양이 일반적이나 나뭇잎과 주전자 모양도 선호된다. 재질은 도자기, 나무, 은, 스테인리스 등으로 다양하다. 1티스푼에 3g이 기본이다.

## 🫖 인퓨저

인퓨저infuser는 차를 간편하게 우릴 수 있는 금속형 티백으로 티볼 tea ball이라고도 불린다. 모양도 다양하여 집, 동물, 과일, 사각형, 공 모양 등이 있다. 1인용으로 적합하며 찻잎은 인퓨저의 반 정도가 차도록 넣어야 제대로 우러나온다. 스틱형 인퓨저는 머그컵 사용할 때 적당하며, 은 제품과 스테인리스 제품들이 주로 이용된다. 최근 1회용 은박 인퓨저도 개발되었는데, 인체에 무해한 은으로 450여 개의 구멍이 뚫려 있는 것이 특징이다.

## 🫖 케이크 스탠드

티 푸드를 올려놓는 케이크 스탠드cake stand는 트레이tray라고도 불린다. 3단과 2단으로 만들어진 조립식과 도자기 접시가 부착된 일체형이 있어 용도에 따라 선택하여 사용할 수 있다. 분리형은 야외에서, 일체형은 실내에서 사용하기 좋다. 케이크 스탠드는 장식적인 효과와 함께 좁은 공간에서 즐기는 티타임에서도 활용도가 높다. 주로 은과 스테인리스 제품이 많이 사용된다. 티 푸드는 하단에서 상단으로 올라가며 먹는 것이 기본으로, 그 기준을 따르는 것도 영국적 티타임을 즐기는 한 요령이다.

# 🫖 티 워머

우려낸 차의 보온을 유지하기 위한 용도로 이용하는 티 워머tea warmer는 티 포트와 같은 재질을 사용하는 것이 좋다. 재질에 따라 유리, 도자기, 스테인리스 등의 제품이 있으며, 워머용 양초인 티 캔들tea candle이 함께 이용된다. 저렴하고도 장시간 사용이 가능한 티 캔들을 고르는 것이 중요하고, 그을음이 없는 것을 사용해야 티 포트를 깨끗한 상태로 유지할 수 있다.

## 🫖 티 냅킨

티 냅킨ₜₑₐ napkin은 18세기 영국 상류층 가문의 문장紋章을 그려 넣어 사용하기도 했으며 일반적인 냅킨보다 크기가 작은 것이 특징이다. 역사상 최초의 냅킨은 스파르타인이 아포마그다리Apomagdalie라고 불렀던 밀가루 반죽 덩이였다고 한다. 이 혼합물은 작은 조각으로 잘려 식탁에서 말아졌고, 이 관습은 손을 닦기 위해 조각난 빵을 사용하는 풍습으로 이어졌다. 로마 시대에는 하인들이 식후에 타월과 물그릇을 들고 식탁을 돌면서 초대 손님들로 하여금 손을 씻게 했고, 그때 쓰인 타월이 냅킨의 직접적인 기원이 되었다.

## 🫖 모래시계

시간을 재는 모래시계tea timer는 홍차의 티타임에 필요한 도구다. 홍차를 우릴 때 주로 사용되며 찻잎의 크기에 따라 우리는 시간이 달라지므로 모래시계의 역할이 중요해진다. 일반적으로 3분을 기본으로 하며, 5분용 모래시계도 있다. 오늘날에는 종종 전자 티 타이머도 이용된다.

## 레몬 트레이

  티 포트 모양의 도자기 제품이 주를 이루는 레몬 트레이lemon tray는 티백을 올려놓는 데 쓰거나 슈거 볼 대용으로 사용되기도 하지만, 홍차에 넣을 레몬을 얇게 썰어 담아두는 용도로 만들어진 것이다. 꽃무늬와 로고가 특징인 브랜드 제품 등, 용도에 따라 다양한 레몬 트레이를 활용할 수 있다.

# 슈거 볼

홍차의 맛을 배가시켜주는 설탕을 담아두는 슈거 볼suger bowl은 밀크저그와 함께 사용하는 것이 일반적이다. 집게는 각설탕을 집기 위한 것이다. 볼의 재질은 티타임에 사용되는 도자기와 같은 것을 사용하기도 하고 은 제품을 사용해 분위기를 달리하기도 한다.

## 🫖 밀크저그

밀크저그milk jug는 밀크티를 위한 용기로, 우유를 담는 그릇이다. 우유의 맛을 해치지 않는 은 제품과 유리 제품이 모두 선호되고 있다. 도자기 제품은 다양한 문양과 모양이 있어 선택의 폭이 넓다.

## 🫖 티백 스퀴저

    티백 스퀴저tea bag squeezer는 티백을 이용해 밀크티를 만들 때 사용되며, 티백을 건져내거나 티백 안에 남아 있는 홍차를 마지막 한 방울까지 짜내는 역할을 한다. 집게와 가위 모양의 스테인리스 제품이 주로 사용된다.

이상의 티웨어 외에도 차를 블렌딩할 때 용이한 티 블렌더tea blender
와 차를 따를 때 찻물이 흐르는 것을 방지하기 위한 드롭캐처drop
catcher, 그리고 흘러내린 차를 닦는 티 타월tea towel과 티 포트 밑에 깔
아 찻물의 온도를 유지해주는 티 매트tea mat는 홍차를 즐기는 데 유용
한 도구들이다. 피크닉을 위한 야외용 티 세트tea set도 있는데, 이는
티타임을 어디서나 즐길 수 있도록 고안된 도구이다.

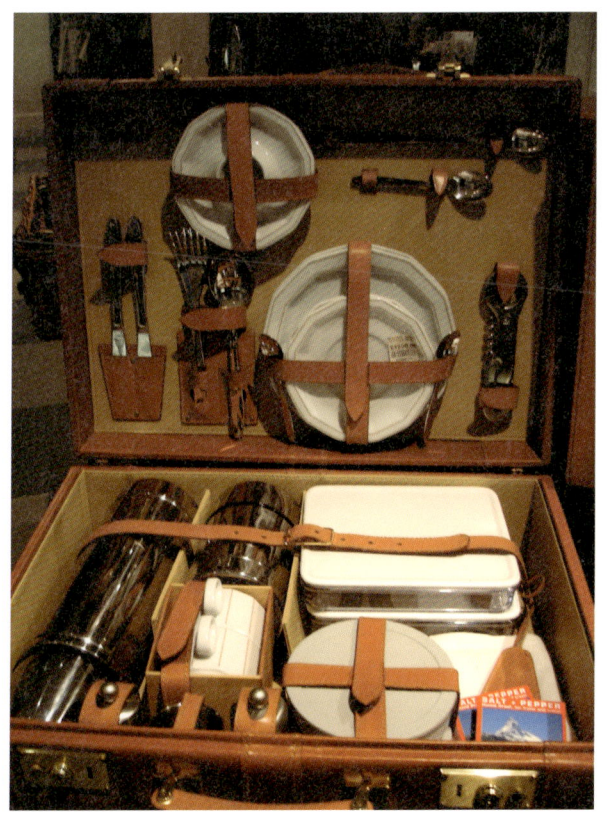

part.8

# 티웨어의 명가들

홍차를 마시는 즐거움은 한두 가지가 아니다. 홍차 자체의 깊고 풍부한 향과 맛, 홍차 찻자리가 주는 낭만적이고 그윽한 분위기, 블렌드 홍차들의 다양한 풍미, 홍차와 함께 즐기는 맛깔스런 티 푸드 등이 모두 홍차를 즐기는 원인이 되고 기쁨이 된다. 이런 홍차의 즐거움 가운데 빼놓을 수 없는 또 한 가지가 바로 아름답고도 실용적인 티웨어를 보고 만지고 활용하는 기쁨이다. 영국과 일본의 대표적인 본차이나 도자기 브랜드 몇 가지를 필자의 경험을 바탕으로 소개한다.

## 🫖 본차이나의 탄생

중국의 도자기가 유럽으로 유입된 18세기 이후부터 영국은 중국식 자기를 모방하기 시작했다. 그 결과로 탄생한 것이 본차이나bone china라는 이름으로 통용되는 영국식 도자기다. 본차이나는 소뼈를 갈아 원료로 사용하므로 다른 이름으로는 골회자기骨灰瓷器라고도 불린다. 견고하고 가벼우며 맑은 빛이 도는 반투명의 도자다. 이 본차이나의 탄생으로 도자기의 종주국이 중국에서 영국으로 전환되었다고 말하는 사람들도 있다. 유럽의 도자기는 차 문화와 깊은 관련을 가지고 있고, 특히 영국의 홍차 문화에 큰 영향을 주어 영국 산업혁명의 발전과 자본주의 발전에도 이바지했다. 영국의 도자기 산업은 창의성과 치열한 장인정신을 바탕으로 이루어진 것이다. 이하에서 유럽의 대표적인 본차이나 브랜드brand인 웨지우드영국, 로열 코펜하겐덴마크, 로열 딜튼영국, 그리고 일본 노리다케의 티웨어를 만나보기로 하겠다.

# 🫖 웨지우드

    영국의 도자기 역사는 웨지우드Wedgwood와 함께한다. 18세기 중반부터 200여 년 동안 유럽은 물론 세계 각국의 도자기 산업에 영향을 주며 독자적인 아이디어로 성공한 웨지우드의 역사는 영국 도자기의 아버지라 불리는 조사이어 웨지우드Josiah Wedgwood라는 천재적인 도공陶工에 의해 시작되었다. 1759년 창립된 웨지우드는 가장 영국적인 품위와 디자인 그리고 장인정신을 바탕으로 한 최상의 품질로 세계시장을 선점했다.

    웨지우드의 본차이나 제품과 재스퍼Jasper 시리즈는 영국 왕실을 위한 최고급 제품에서부터 일반 서민을 위한 범용 제품에 이르기까지 다양한 제품을 생산하고 있다. '여왕의 자기Potter to Her Majesty'라고 불리는 웨지우드 파인fine 본차이나 제품은 1812년 최초로 생산 개시된 이래 웨지우드의 주력 품목으로 오늘날의 웨지우드 명성을 이루게 한 상품이다. 최근에는 차이나웨어 분야에서 이룩한 명성과 기술을 바탕으로 한 각종 도자 기프트웨어와 액세서리 등으로 품목을 다양화했고, 크리스털 제품도 출시하여 전 품목에서 세계인의 품격을 높이고 있다.

# 🫖 로열 코펜하겐

1775년에 설립된 덴마크 도자 회사 로열 코펜하겐Royal Copenhagen은 나중에 왕실의 관리 하에 들어갔고, 왕실 전용의 도자기와 외국 왕실의 선물용 도자기를 주로 생산하면서 유럽 왕실들의 사랑을 받았다. 모든 공정이 수공예로 이루어졌으며, 정교한 작업으로 정평이 나 있었다.

이들이 만든 대부분의 도자기는 자색이나 철분으로 낸 적색 등 여러 가지 색의 유약으로 장식되었으며, 제품에는 소지한 사람의 이니셜이 금으로 장식되었다. 로열 코펜하겐 도자기는 초벌구이를 마친 도자기 위에 그림을 그리고 유약을 발라 고온으로 재벌구이하는 언더글레이즈underglaze 기법의 도기를 만들었는데, 19세기 유럽 상류 계급에서 애용되며 널리 알려지게 되었다. 오랜 전통과 기술을 통해 배양된 그들의 장인정신은 오늘날에도 로열 코펜하겐이라는 이름을 통해 만날 수 있다. 로열 코펜하겐을 대표하는 시리즈는 '플로라 다니카Flora Danica'와 '블루 플루티드Blue Fluted'이다. 전통을 살린 뛰어난 품질로 덴마크는 물론 전 세계에서 최고의 명성을 얻은 시리즈들이다.

도자기에 그림을 그리는 페인터들에게는 특별한 재능과 인내심이 요구되기 때문에 많은 도자기 회사들이 핸드 페인팅에 의한 도자기 생산을 포기했지만 로열 코펜하겐은 오늘날까지 핸드 페인팅을 고

집하고 있다. 로열 코펜하겐 도자기의 문양은 대부분 손으로 그려졌
으며 각 작품의 뒷면에는 트레이드마크, 상품 번호, 그림을 담당한
페인터의 자신감과 긍지를 보여주는 사인이 들어 있다.

자기에 그림을 그리는 방법에는 수채화처럼 맑은 청색으로 대표
되는 '언더글레이즈 기법'과 다채로운 색이 화려하게 그려지는 '오버
글레이즈overglaze 기법', 주석을 함유한 불투명 유약을 발라 장식하는
'파이앙스faience 기법' 등이 있다. 언더글레이즈는 로열 코펜하겐에서
도 가장 대중적인 시리즈인 블루 플루티드, 블루 플라워 등의 테이
블웨어, 안데르센 동화를 모티브로 한 동물, 인물 등의 인형에 이용
되었다. 오버글레이즈 기법은 제작 기간만 2년이나 되는 플로라 다
니카의 테이블웨어 등에 활용되었다.

## 🫖 로열 덜튼

로열 덜튼Royal Dulton은 영국 최대의 도자기 그룹이다. 존 덜튼John Doulton이 1815년에 창립했고, 그동안 영국 왕실에서 애용되면서 영국의 전통과 품위의 대명사로 일컬어져 온 차이니웨어의 명가다.

여러 기법의 개발을 통해 유백색의 견고함과 투기성이 좋아 맑고 투명한 소리를 내는 본차이나를 선보인 로열 덜튼은 황실Royal이란 칭호를 회사명에 사용할 수 있는 권한을 얻었을 뿐만 아니라, 1877년 요업 발전에 기여한 공로를 인정받아 빅토리아 여왕으로부터 요업계 최초로 '기사' 작위를 받았다.

로열 덜튼의 제품들은 세계 각국의 왕실과 대사관에서 널리 애용된다. 테이블웨어가 주종을 이루며 현재 20여 개의 도자기 공장을 보유하고 있다. 로열 덜튼의 테이블웨어로는 화려한 금채색과 파스텔 색상의 꽃무늬가 특징인 민튼Minton과 로열 알버트Royal Albert의 올드 컨트리 로즈가 있다. 홍차만큼이나 세계인을 매료시킨 도자기들이다.

## 🫖 노리다케

홍차를 마실 때 쉽게 만날 수 있는 찻잔 중의 하나가 일본의 도자 회사 노리다케Noritake의 작은 꽃무늬 찻잔이다. 디자인이 심플하면서도 고급스런 이미지의 골드라인 접시도 노리다케를 대표하는 테이블웨어 중의 하나다. 노리다케는 나고야의 노리다케ノリタケ 마을에서 시작되어 1904년 회사 설립 후 2005년에 100주년을 맞이했다. 나고야를 기점으로 스리랑카, 필리핀, 일본 큐슈 등의 공장에서 제품이 생산되고 테이블웨어를 주도하는 상품 개발로 이어져 여성들의 마음을 움직이는 명품 도자기 회사로 이름을 올리게 되었다. 홍차라는 차

문화와 결합되면서 일본 도자기 시장에도 새로운 변화를 가져온 회사다.

가볍고 견고한 본차이나가 영국의 웨지우드사에 의해 개발된 이래 노리다케의 제품들도 본차이나가 주종을 이루게 되었으며 테이블웨어 시장에서 혁명을 일으켰다. 디자인과 기술 개발에 심혈을 기울인 결과 100년 넘는 역사를 쌓게 되었고 세계 유수의 도자기 회사로 꼽히게 되었다.

노리다케의 창업자 노리무라는 1990년 노리다케 공원을 노리다케 공장이 위치한 나고야에 조성하면서 기업 이미지 혁신에도 크게 성공했다. 나고야에 위치한 노리다케 박물관에는 노리다케의 역사를 말해주는 초기 제품에서부터 오늘날의 인기 상품에 이르기까지 시대별, 종류별로 제품들이 전시되어 있다. 아울렛 매장도 갖춘 공장에서는 도자기 제품을 만드는 과정을 직접 견학할 수 있다.

## part.9
# 도쿄 & 런던 홍차 여행

일본의 수도 도쿄는 세계의 명품 홍차들과 티웨어들을 한 자리에서 만날 수 있는 매력적인 도시다. 홍차 전문 브랜드의 티룸들과 매장들이 시내 곳곳에 자리 잡고 있고, 국내에서는 만날 수 없는 명품 홍차들과 티웨어들도 어렵지 않게 볼 수 있다. 런던은 유럽의 화려한 홍차 문화를 대변하는 도시답게 고풍스럽거나 혹은 현대적인, 귀족적이거나 혹은 서민적인 모든 형태의 홍차를 맛볼 수 있는 도시다. 현대 홍차 문화의 수도라고 할 만한 곳이어서 홍차를 사랑하는 이들에게는 더없이 즐겁고 흥미로운 도시다. 두 도시에서 만난 홍차 전문 브랜드들과 티웨어 브랜드들을 소개한다.

# 🫖 도쿄에서 만난 티룸들

### ① 마리아쥬 프레르

도쿄 홍차 여행은 마리아쥬 프레르Mariage Frères의 티룸에서 시작되었다. 1층에 들어서면 앤티크 차도구와 다양한 색상의 티 포트들이 가득하다. 벽면 가득 채워진 블랙 벌크 통에는 산지별 홍차들이 주인을 기다리고 있다가 저마다 소포장으로 판매되어 가게를 떠난다.

앤티크 풍의 실내 인테리어, 손님들을 유혹하는 차도구와 홍차들, 편안한 손님들의 표정이 인상적이다. 블랙과 화이트의 조화가 한층 멋스러움을 더해주는 티룸의 차림표에는 산지별 홍차와 블렌드 홍차가 가격만큼이나 다양하게 나열되어 있다. 너무나 많은 허브티의 종류에도 행복한 고민이 앞서게 된다. 차를 즐기는 사람들과 음식과 차를 함께 즐기는 사람들의 표정에서 일본의 또 다른 차 문화를 경험할 수 있다.

홍차 회사의 전신인 유럽의 식료품점들은 다양한 홍차 브랜드를 탄생시켰다. 프랑스 최초의 홍차 회사인 마리아쥬 프레르도 그렇게 태어났다. 1854년 6월 1일, 앙리 마리아쥬Henri Mariage와 에두아르 마리아쥬Edouard Mariage 형제가 창업한 식료품점은 나중에 차 전문점으로 리모델링되어 오늘에 이르고 있다.

마리아쥬 프레르를 대표하는 컬러인 블랙과 레드는 다양한 프랑

스 향기를 담고 있다. 향수의 나라 프랑스의 홍차 기술이 블렌딩한 향기로운 마리아쥬 프레르의 홍차는 세계인의 마음을 움직이는 마법의 향기가 되고 있다. 마리아쥬 프레르가 추천하는 홍차는 마르코 폴로와 임페리얼 티로, 프랑스 홍차답게 천연 과일을 통한 가향 처리가 특징이다.

② 립턴

　12월에 만난 도쿄의 립턴 티 하우스는 연말 분위기를 즐기는 손님들로 가득했다. 립턴을 대표하는 홍차인 옐로우 라벨Yellow Label은 언제부터인지 세련된 회갈색 톤의 디자인으로 탈바꿈해 있었고, 고풍스런 벌크 통과 티캔의 모습은 도쿄 속에 작은 영국을 옮겨놓은 듯한 착각을 불러일으켰다. 앤티크 풍 홍차 제품들과 도자기가 눈길을 사로잡는다.

　애프터눈 티를 주문하면 3단 케이크 스탠드에 달콤한 케이크, 핑거 샌드위치, 그리고 스콘과 초콜릿이 나온다. 스리랑카, 인도, 케냐

에서 온 특색 있는 홍차들과 티 푸드를 즐기다 보면 영국 전통의 맛과 멋에 흠뻑 취하지 않을 수 없게 된다.

홍차의 대중화에 기여한 대표적인 홍차 브랜드인 립턴은 디자인과 컬러에서 변화를 시도해 이제는 럭셔리한 홍차로 사랑받고 있다. 다양한 선물용 제품들이 기다리고 있고, 티 캐디는 용도에 따라 규격이 다양하게 구비되어 소비자의 욕구를 만족시킨다.

1889년 T. J. 립턴이 스리랑카의 다원에서 채취한 홍차 잎을 영국으로 운반한 후 포장하여 값싸게 공급하고, 다시 원가 절감을 위해 스리랑카의 다원을 사들여 직접 찻잎을 생산하기 시작한 것이 립턴 홍차의 시작이었다. 1910년에 출시한 옐로우 라벨 티백은 케냐와 스리랑카산 찻잎을 블렌딩한 제품으로, 전 세계적으로 대중적 인기를 끌어모았다.

### ③ 딤불라

일본의 차 연구가 이소부치 다케시磯淵猛는 스리랑카 차를 수입하는 일을 시작하면서 홍차 관련 일을 32년째 해오고 있다. 홍차 블렌딩의 대가로, 국내에도 그의 책들이 번역되어 소개된 바 있다. 그가 직접 운영하는 티룸 딤불라는 홍차 가게이자 홍차 블렌딩 교실이다. 홍차 수업을 위한 다양한 도구들과 책들이 티룸 곳곳에 빽빽하다. 그와 그의 가게는 일상이 되어버린 블렌딩에 매료되어 음식에 맞는 홍차를 개발하면서 매년 성장을 거듭하고 있다. 이소부치 다케시가 제안하는 일본의 홍차 전략은 한마디로 '음식과 함께하는 홍차Tea with food'다.

# 🫖 도쿄에서 만난 일본의 홍차 브랜드

### ① 카렐 차페크

어린이날인 5월 5일에 문을 연 카렐 차페크Karel Capek엔 동화 속 이 야기에나 나올 듯한 흥미로운 캐릭터들이 가득하다. 일본의 그림 동화 작가 야마다 우타코山田詩子가 그린 캐릭터들이다. 체코의 소설가 인 카렐 차페크를 브랜드 이름으로 내세운 이 회사는 1996년 시작되 어 동화 작가의 그림들이 그려진 일본의 홍차 캐릭터 브랜드로 도쿄 에만 일곱 개의 점포를 오픈했다.

매장에 들어서면 빨간색 글씨로 'TEA'라고 적힌 흰색 도자기 티 포트와 버찌 그림의 티 포트가 먼저 반긴다. 이어서 다양한 캐릭터의 홍차, 그림책, 소품 들이 저마다의 언어로 반겨준다.

카렐의 제품은 아삼이나 기문을 베이스로 과일향이 가미된 블렌 딩 제품들과 밀크티가 주종이며, 모든 홍차 제품 디자인은 그림 동화 작가의 손을 거쳐 탄생한다. 계절별로 개성 있는 홍차 제품들을 만날 수 있는 이 가게는 일본 홍차 마니아들의 사랑방이 되어가고 있다.

Tea

Tea

ラウンドティーポット
保温力の高い丸い形は材質は自在付です。
600ml 税込
¥5,775

ラウンドミニティーポット
400ml 税込
¥4,725

Tea

ラウンドティーポット
バリー
600ml 税込 ¥5,880

### ② 리풀

리풀Leafull은 인도의 다즐링 홍차들을 등급별로 선택할 수 있는 곳이다. 진녹색의 제품 디자인이 인상적이며, 다양한 허브티와 향차도 함께 판매하고 있다.

진녹색의 타원형 티 캐디들은 다즐링이 신선한 찻잎을 눈앞에서 보는 듯한 환상을 불러일으키며, 향차와 허브차는 다양한 고객들의 취사선택을 기다리고 있다. 도쿄 안에서 인도의 향기를 발산하는 곳으로, 다즐링 제품으로는 최고의 품질을 자랑하는 일본 홍차 브랜드이다.

직수입된 인도산 다즐링은 목제 벌크 통에 담겨져 매장 정면을 장식하고 있다. 통에는 산지와 등급, 그리고 세관의 심사를 통과했다는 직인이 찍혀 있다.

### ③ 일동홍차

캔 홍차를 선보이며 홍차 대중화에 앞장선 일동홍차日東紅茶는 일본 최초의 홍차 전문 다원을 가진 회사이자, 대만에 다원을 개설한 최초의 일본 브랜드이기도 하다. 국내에 소개된 일동홍차로는 인스턴트 밀크티가 유명하다. 이 회사는 1927년 새로운 제품인 '미츠이三井 홍차'를 출시하면서 새로운 경영 방식을 도입했고, 1930년에는 일동홍차로 이름을 바꾸어 오늘에 이르고 있다. 향차를 이용한 밀크티와 홍차 티백, 파스텔 톤의 다양한 티캔들이 여성 고객들의 마음을 사로잡는다. 진저티는 일동홍차가 2002년에 선보인 특별한 선물이자 변화라고 할 수 있다.

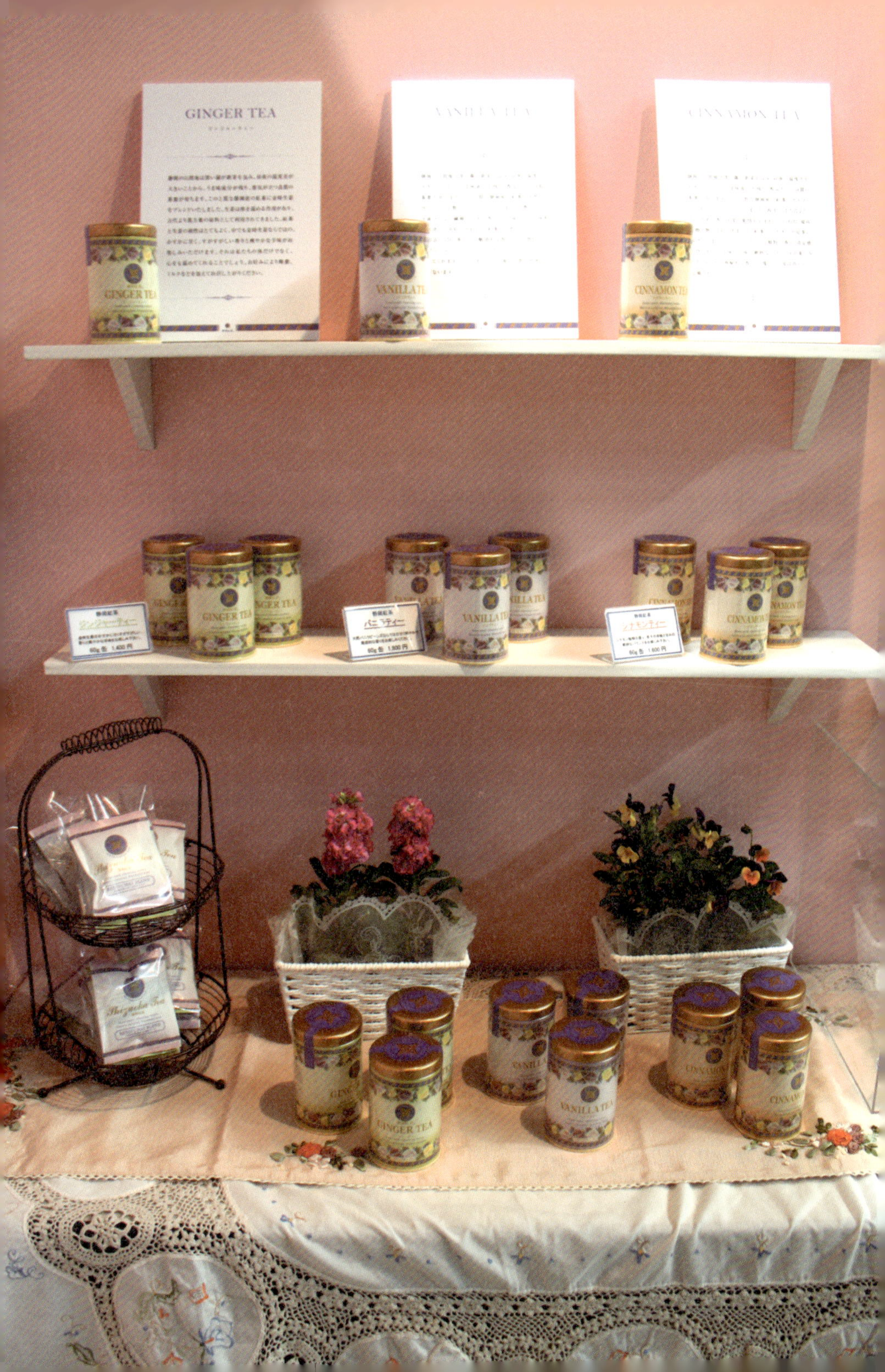
GINGER TEA
GINGER TEA
VANILLA TEA
CINNAMON TEA

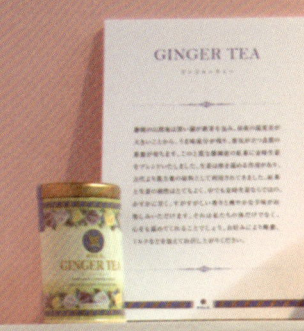

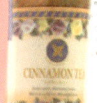

#### ④ 루피시아

원형의 소포장 티캔으로 잘 알려진 루피시아 Lupicia의 역사는 그리 길지 않다. 하지만 세계 200여 종의 차를 판매하는, 일본의 가장 대중적인 홍차 브랜드가 바로 루피시아다. 중국차, 일본 홍차, 허브차를 이용한 다채로운 향차들을 선보이며 미니아층을 형성시켰다. 특별한 기념일을 위한 블렌드 티를 포함한 다양한 블렌드 제품들은 루피시아를 모태로 새로운 이름으로 태어나 소비자의 사랑을 받고 있다.

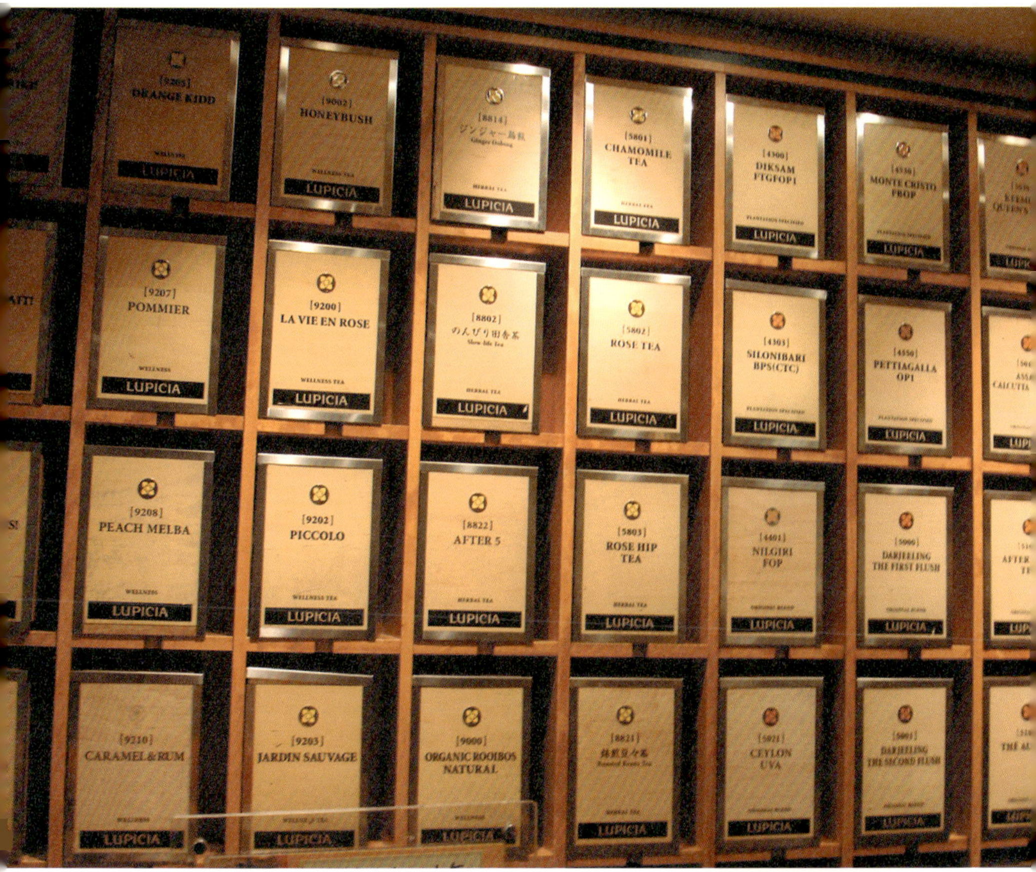
[9205]
ORANGE KIDD
LUPICIA
[9002]
HONEYBUSH
LUPICIA
[8814]
ジンジャー烏龍
LUPICIA
[5801]
CHAMOMILE TEA
LUPICIA
[4300]
DIKSAM FTGFOP1
LUPICIA
MONTE CRISTO FBOP
LUPICIA
[9207]
POMMIER
LUPICIA
[9200]
LA VIE EN ROSE
LUPICIA
[8802]
のんびり田舎茶
LUPICIA
[5802]
ROSE TEA
LUPICIA
[4303]
SILONIBARI BPS(CTC)
LUPICIA
[4550]
PETTIAGALLA OP1
LUPICIA
[9208]
PEACH MELBA
LUPICIA
[9202]
PICCOLO
LUPICIA
[8822]
AFTER 5
LUPICIA
[5803]
ROSE HIP TEA
LUPICIA
[4401]
NILGIRI FOP
LUPICIA
DARJEELING THE FIRST FLUSH
LUPICIA
[9210]
CARAMEL&RUM
LUPICIA
[9203]
JARDIN SAUVAGE
LUPICIA
[9000]
ORGANIC ROOIBOS NATURAL
LUPICIA
[8821]
LUPICIA
CEYLON UVA
LUPICIA
DARJEELING THE SECOND FLUSH
LUPICIA

LUPICIA
Fresh Tea

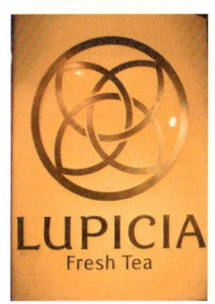

### ⑤ 애프터눈 티

일본 홍차 브랜드인 애프터눈 티Afternoon tea는 예쁜 차도구와 다양한 종류의 홍차를 판매하는데, 향차가 특히 유명하다. 가게 앞에 서면 대형 유리에 쓰인 애프터눈 티 로고가 먼저 반기고, 독특한 제품과 디자인으로 사람들의 발길을 모은다. 도자기 찻잔도 눈길을 끄는데, 기존의 나팔꽃 형태로 벌어진 찻잔이 아니라 커피잔 형태의 화이트 찻잔이다. 소서는 갈색 라인에 애프터눈 티의 영문 이니셜 약자인 aT자가 인상적이다. 그 외에 은 제품의 티웨어는 컬렉션을 위한 아기자기한 소품들로 가득하며 일본에서만 느낄 수 있는 독특한 홍차 향기가 전해진다. 홍차를 위한 티웨어의 모든 것을 만나고 싶다면 애프터눈 티 매장으로 발길을 옮겨보자.

### ⑥ 마리나 드 부르봉

이달의 홍차가 있는 마리나 드 부르봉Marina de bourbon, 블루&레드은 짙은 블루와 레드의 세련된 상품 패키지와 블렌딩한 향차로 유명한 곳이다. 프랑스 부르봉 왕가의 마리나 공주에 의해 탄생되었고 일본에서 받아들여 자국의 브랜드로 성장시켰으며 여러 도시에 지점이 있다. 마리나 드 부르봉은 종류도 다양한 향차와 허브티를 블렌딩하는데, 세로줄 무늬의 블루 티캔과 레드 티캔이 조화롭게 짝을 이뤄 프랑스의 향기를 전해준다. 마리나 드 부르봉의 2011년 차는 붉은색의 '누벨 아네 2011 향차Nouvelle Année 2011 Seasonal Flavored Tea'였다.

# 🫖 도쿄에서 만난 프랑스의 홍차 브랜드

### ① 베노아

베노아Benoist 티룸은 스크린과의 인연으로 더 유명해진 프랑스의 홍차 브랜드 가게이다. 특히 2005년 일본과 한국에서 인터넷 소설, 드라마, 영화로 널리 알려진 <전차남電車男>에 베노아 티룸에서 홍차를 마시는 장면이 삽입되어 유명세를 탔다. 베노아 브랜드는 19세기에 프랑스 출신 요리사 베노아가 영국 런던에서 고품질의 식료품을 왕족과 고위층을 상대로 판매하면서 시작되었다. 베노아는 엘리자베스 2세, 엘리자베스 모후, 필립 공을 위한 식료품 조달자로서의 상징을 쓸 수 있도록 왕실로부터 허가를 받았다. 베노아 도쿄점에서 일본 영화 속의 주인공이 되어 홍차와 티 푸드를 즐기는 홍차 여행의 시작은 어떨까?

## ② 에디아르

최고급을 지향하는 프랑스의 홍차 브랜드 에디아르Hédiard는 원색의 티캔이 인상적이다. 페르디낭 에디아르Ferdinand Hédiard, 1832~1898가 창립한 에디아르는 150년 전통의 역사를 가지고 있다. 엄선된 일류 브랜드만으로 구성되는 프랑스 콜베르위원회Comité Colbert의 회원 명단에도 그 이름이 등재되어 있다. 1854년 페르디낭 에디아르가 파리 노트르담Notre-Dame에 개점한 식품점으로 시작했고, 1880년에는 현재의 자리인 마들렌 광장Place de la Madeleine으로 옮겨와 특별한 홍차 맛을 선보이고 있다. 식민지의 이국적인 과일과 채소를 풀어놓아 팔기 시작한 에디아르 상점은 좋은 빵, 좋은 양념, 이국적인 향신료, 온갖 종류의 차에 이어 카페레스토랑도 최고급을 지향하고 있다.

### ③ 자넷

홍차 브랜드 창업자의 대부분이 식료품점으로 사업을 시작하여 최고의 홍차 브랜드를 탄생시켰던 반면에 자넷Janat의 창업자 자나 도레Janat Dores는 무역업으로 대를 잇던 집안 출신이었다. 조상 대대로 무역업에 종사하면서 프랑스 혁명 직후, 정부에서 내우 성실하며 신뢰할 수 있는 상인에게만 수여하는 메달Médaille de Confiance du Négociant을 받았다. 자넷 홍차 브랜드의 시초는 1872년 자나 도레가 프로방스 지방에서 레스토랑을 시작하면서 같이 시작되었다.

자나의 트레이드마크인 두 마리의 고양이가 모티브가 되어 그에게 아이디어와 창조의 에너지를 부여해준 결과, 자넷은 프랑스를 대표하는 홍차 브랜드 가운데 하나가 되었다.

### ④ 포숑

포숑Fauchon은 프랑스의 홍차 브랜드로, 포숑이 파리의 마들렌 광장에서 고급 식료품점을 창업하면서 시작되었다. 1886년 A. 포숑이 창업하였으며, 차, 베이커리, 고급 식료품 등을 판매하고 있다. 포숑은 파리 시민들의 특별한 미감을 위해 다양한 맛의 차를 연구하고, 특히 홍차에 대한 연구에 집중했다. 다른 점포에서는 취급하지 않는 고급품만을 판매함으로써 인기를 얻었고 유럽 전체로 시장을 넓혔다. 포숑을 대표하는 홍차는 애플티로 스리랑카산 차에 1% 미만의 사과향을 첨가해 만들어진다. 찻잎의 입자는 매우 작아서 크기가 1~2mm 정도이며, 찻잎의 향이 사과향을 감싸는 듯해 중후하면서도 향긋한 느낌이 난다.

### ⑤ 니나스 파리

영화 <여인의 향기>에서 느껴지는 향수를 찾아가지 않더라도 강렬한 디자인의 빨간 티캔에서 니나스 파리Nina's Paris는 향수보다 향기롭고 과일보다 달콤한 향취를 풍긴다. 이 니나스의 향차가 세기를 넘어설 수 있었던 것은 단순히 향기가 뛰어났기 때문일까, 아니면 창업자의 아내에 대한 특별한 사랑이 담겨 있기 때문일까? 실제로 니나Nina는 창업자 아내의 이름이었다고 한다. 니나스 파리의 향차는 전문 블렌더blender들에 의해 블렌딩된 700여 종에 이르며, 전 세계 여성들의 마음을 사로잡고 있다.

니나스 파리의 홍차들은 대부분 중국의 기문차를 이용하며 향수의 대국답게 완벽한 가향 처리 기술로 잎차는 물론 티백에서도 향기의 차이를 느낄 수 없다. 최고의 찻잎 재료와 최상품의 천연 과일 오일이 결합되어 고급스런 이미지의 제품들이 탄생하는 것이다.

최고의 향은 최고의 재료에서 만들어진다는 것이 니나스 파리가 추구하는 절대적 원칙이다. 이를 위해 니나스 파리는 알프스산 라즈베리, 이탈리아산 블러드 오렌지, 시칠리산 베르가모트, 에스파냐 발렌시아산 스위트오렌지와 그레이프프루트, 피지산 패션 프루트, 마다가스카르산 바닐라 등 유럽 최고의 풍미를 자랑하는 재료만을 사용한다.

봄볕에 아지랑이 피듯 피어나는 사랑을 전하는 '쥬뗌므Je t'aime'와 니나스 파리의 티샵을 기념하기 위한 파리의 방돔 광장은 '떼 드 방돔 Thé de Vendôme'이라는 이름으로 다시 태어났다. 이들 역시 기문 홍차에 천연 과일향 오일이 첨가된 것으로, 니나스 파리의 향차 중 대표적 홍차들로 애음되고 있다. 니나스의 홍차들은 스트레이트 티와 밀크티로 즐기기에 좋다.

# 🫖 도쿄에서 만난 인도의 홍차 브랜드

## 오카이티

영어의 '오케이okay 티tea'에서 유래된 인도의 홍차 브랜드 오카이
티OKAYTI의 다원은 다즐링 서쪽에 위치하며, 거기서 생산되는 다즐링
홍차는 섬세하고 고급스런 꽃향기를 머금고 있다. 매년 양질의 차를
안정적으로 생산해낸다는 평을 듣는 오카이티의 다원은 다즐링 지
역에서도 최고의 다원으로 손꼽힌다. 1959년 품평회에서 영국의 엘
리자베스 여왕으로부터 최고의 평가를 받아 친필 편지를 받은 것으
로도 유명하다. 이 다원의 첫물차는 오카이티 특유의 섬세함이 잘 드
러난 차다. 가볍고 부드러운 머스캣 향이 특징적이고, 탕색은 밝고
옅은 오렌지색이다. 다즐링에서 생산되는 홍차는 대부분 FOP급 이
상으로 가공되며, 발효 정도가 낮아 맛과 향이 녹차와 비슷한 느낌
이 들지만 주로 와인 향에 비유되고 있는 것이 일반적이다. 생산량이
적고 다른 종류의 홍차보다 가격이 높아 실제로 100% 다즐링을 구
하기는 쉽지 않다. 두물차도 깔끔한 머스캣 향이 나며, 약간의 떫은
맛이 느껴지지만 다른 다즐링 홍차와 비교했을 때는 상질의 맛이라
고 할 수 있다.

현재까지 전통적인 제다 방식인 오서독스Orthodox 방식을 유지하고
있는 오카이티의 제다 공장은 이 다원 안에 있고, 입구에 들어서기

전 오른쪽에 1888년에 설립된 공장이 있는데 이 공장은 정부의 문화유산으로 등록되어 있으며 영국인에 의해 세워진 다즐링에서 가장 오래된 차 공장이다.

# 🫖 런던에서 만난 명품 홍차 브랜드

### ① 트와이닝

영국 홍차 브랜드의 역사는 300년 이상의 세월을 이어오며 세계의 홍차 문화를 주도하고 있다. 그 선두에 있는, 역사가 가상 오래된 브랜드가 바로 트와이닝Twinings이다. 1706년 T. 트와이닝이 현재와 같은 장소인 런던의 트라팔가 광장에서 커피하우스를 열면서 시작되었다. 커피와 차를 함께 파는 가게였는데 당시에는 여성들의 커피하우스 출입이 금지되어 원성을 샀다. 이에 트와이닝은 1717년에 여성들을 위해 홍차만을 판매하는 골드 라이언gold lion이라는 별도의 매장을 열어서 여성들에게 큰 인기를 끌었다. 이 매장을 상징하는 황금사자 상이 지금도 가게 앞에 버티고 있다.

빅토리아 여왕 즉위 후인 1837년부터 왕실 납품권을 얻으면서 영국 왕실과 가까운 사업 파트너가 되었고, 1972년에는 수출 공로를 인정받아 엘리자베스 여왕으로부터 수출산업장려상을 받기도 했다. 처음에는 단순한 주문 판매 방식으로 홍차를 팔았으나 지금은 다양한 블렌드 홍차를 만들어 세계 곳곳으로 수출하고 있는 트와이닝은 이제는 서울에서도 손쉽게 접할 수 있는 차가 되었다.

### ② 포트넘 앤 메이슨

포트넘 앤 메이슨Fortnum&Mason은 1707년에 설립되었다. 몇 해 전 300주년 기념 홍차를 발매했을 정도로 역사가 오래된 홍차 전문 회사이자 브랜드이다. 전통의 맛과 향을 자랑하는 포트넘 앤 메이슨의 홍차는 왕실에도 납품되는 최고의 품질과 역사를 자랑한다.

포트넘 앤 메이슨사의 로고로 그려진 시계는 항상 4시를 가리키고 있는데 이는 영국의 대표적인 티타임인 애프터눈 티를 의미한다.

매장의 1층에서는 포트넘 앤 메이슨의 다양한 홍차 종류와 초콜릿, 커피 등을 판매한다. 2층에서는 차도구인 본차이나 도자기와 커피 관련 기구를 만날 수 있고 테이블 세팅도 되어 있어 소비자의 욕구를 충족시켜주며 미니 서점도 갖추고 있다.

포트넘 앤 메이슨 건물 정면에는 로고에 그려진 것과 똑같은 모양의 시계가 걸려 있는데, 빅벤Big Ben을 만든 공장에서 제작한 것으로, 총 18개의 종이 15분 간격으로 아름다운 소리를 내며 울린다. 또 매시 정각이 되면 포트넘과 메이슨을 상징하는 두 인형이 나타나 인사를 나눈다. 2007년 출시된 포트넘 앤 메이슨의 300주년 기념 홍차는 중국, 인도, 스리랑카 3국의 맛을 느낄 수 있는 블렌드 홍차로 블랙캔의 금장 시계 바늘이 인상적이다.

### ③ 헤로즈

영국을 대표하는 헤로즈 Harrods 백화점은 건물 외관의 압도적인 인테리어 자체로 화제를 모으는 곳이다. 밤에 더욱 빛나는 이 건물은 이미 관광명소로 자리 잡았는데, 1849년 H. C. 헤로즈가 런던에 식료품 가게를 열면서 출발했다. 짙은 녹색의 컬러가 고급스런 이미지를 연출하는 헤로즈의 티 캐디는 그 자체로 인테리어 요소가 될 정도다. 창립 이후 블렌드 홍차인 '헤로즈 No.14'라는 제품의 인기가 가장 높은데 다즐링, 실론, 케냐 홍차를 블렌딩한 상품이다. 'No.49'는 백화점 창립 150주년 기념으로 만든 상품인데, 다즐링을 중심으로 아삼에서 생산된 5종의 찻잎을 섞어 만든 제품이다. 이 홍차 제품은 백화점만큼이나 인기가 좋다. 최근 디자인을 바꾸어서 이제는 색다른 헤로즈를 만날 수 있다. 캐릭터 상품부터 다양한 소품에 이르기까지 늘 새로운 상품을 만날 수 있는 헤로즈는 신선한 홍차와 같은 느낌을 준다.

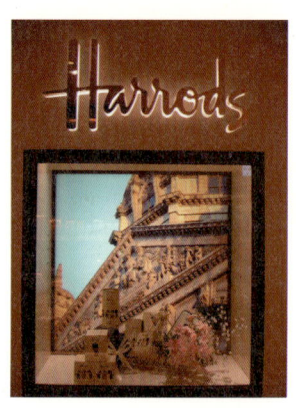

### ④ 웨지우드

고급 도자기의 대명사인 웨지우드Wedgwood는 1759년 J. 웨지우드에 의해 설립되었다. 웨지우드를 대표하는 '재스퍼Jasper'의 벽옥碧玉 색깔은 고급스런 이미지를 창출한다. 우리나라에서는 찾아볼 수 없는 웨지우드만의 다양한 컬렉션을 만나볼 수 있으며 고전미와 모던함이 조화를 이룬 인테리어로 '영국 최고의 인테리어상'을 수상하기도 했다. 도자기 브랜드 재스퍼를 연상케 하는 티 캐디와 '와일드 스트로베리Wild Strawberry' 시리즈에 그려진 무늬를 홍차 디자인으로 도입해 그대로 사용하고 있는 것도 특징적이다. 이렇듯 도자기의 참신한 디자인으로도 유명하지만, 50여 종의 웨지우드 홍차는 독특한 맛으로 세계인의 사랑을 받고 있다.

### ⑤ 위터드 오브 첼시

W. 위터드는 1886년에 '세계에서 가장 뛰어난 홍차를 만들어 판매한다'는 원대한 목표를 세우고 매장을 열었다. 이것이 위터드 오브 첼시Whittard of Chelsea의 시작이었다. 이러한 창립 이념은 지금까지 그대로 계승되고 있으며, 실제로 위터드의 홍차들은 세계 최고의 수준을 유지하고 있는 것으로 정평이 나 있다.

건물을 뒤덮은 짙은 청색의 컬러가 인상적이며, 매장에서는 각종 차와 커피, 그리고 티웨어를 함께 판매하고 있다. 런던에만 50여 개, 전국적으로는 140여 개의 매장을 갖고 있으며 지속적으로 확장해가고 있다. 질 좋은 차와 커피를 저렴한 가격에 구할 수 있어 사랑받는 곳으로 유명한 위터드는 꽃무늬의 화려한 찻잔과 스푼 등의 테이블웨어 등 차와 관련된 다양한 상품을 구비하고 있다. 특히 상품을 통한 디스플레이가 돋보이는 매장이다.

#### ⑥ 브라마 뮤지엄

브라마 뮤지엄Bramah museum은 템스 강 남쪽에 위치한 세계 최초의 차와 커피 박물관으로 차와 커피의 400년 역사를 전문적으로 다루고 있다. 박물관 내부에 전시되어 있는 도자기나 금속 식기, 인쇄물, 전시물들을 통해서 전 세계 사람들이 영국에 들어온 차와 커피에 대해 품고 있는 질문에 답해주고 있다. 브라마 뮤지엄에서는 또 다양한 산지의 차와 커피를 즐길 수 있고, 여기서 판매하는 애프터눈 티는 휴식의 마침표 역할을 한다.

⑦ 조지 인

런던에 남아 있는 전통적 갤러리를 보유한 여관의 본보기이자, 오래된 나무판자로 만들어진 마지막 커피룸 중의 하나가 조지 인The George Inn이다. 이곳의 커다란 벽시계는 여행자들을 오래전 시간 속으로 안내하는 역할을 해주고 있다. 현재의 조지 인은 1677년에 설립된 것으로, 문학가이자 시인인 찰스 디킨스Charles Dickens가 한때 이곳에서 여가를 즐긴 것으로도 유명하다. 커피룸의 분위기는 디킨스의 유명한 작품 중 하나인 『올리버 트위스트Oliver Twist』에서 차를 우려내는 과정을 묘사하는 데 큰 역할을 한 것으로 전해진다.

### ⑧ 리츠 호텔

150년의 전통을 자랑하는 리츠The Ritz 호텔은 애프터눈 티로 유명한 티룸이 있는 곳이다. 예약하지 않으면 이용할 수 없고, 늦게는 3개월에서 빠르면 6주 전에 예약해야 이용할 수 있는 곳이다. 티룸에 입장할 때에도 반드시 정장과 드레스를 입어야만 들어갈 수 있는 곳이다. 화려한 장식의 샹들리에와 대리석 기둥을 자랑하는 리츠 호텔 티룸에서의 티 파티는 홍차를 사랑하는 모든 사람들의 꿈일 것이다. 이곳의 애프터눈 티는 매일 오전 11시 30분부터 저녁 7시 30분까지 다섯 차례 진행된다.

리츠 호텔의 티룸 입구

### ⑨ 쉽스 티룸

대형 윈도우의 천정 부분에 매달린 찻잔이 인상적인 쉽스 티룸 Shipp's Tea Rooms은 그 옛날 빅토리아 시대를 떠올리게 한다. 아담한 가게 내부의 작은 테이블들에서는 다양한 차들이 저마다 이야기꽃을 피워내고 있다. 티 푸드가 조화를 이루는 아담하고 예쁜 모습으로 기억되는 곳이다.

## ⑩ 오랑제리 티룸

다이애나 황태자비가 살았던 곳으로 유명한 오랑제리Orangery는 예전에 오렌지가 아주 많이 생산되는 곳이었다고 한다. 현재는 관광명소로 영국인들의 사랑을 받는 곳이다. 이곳의 애프터눈 티를 맛보기 위해 티룸에 들어가는 순간 가장 먼저 눈에 들어오는 것은 거대한 티푸드 트레이다. 실내는 클래식한 백색 톤으로 연출되어 이내 마음이 평화로워진다. 테이블의 노란색은 따뜻한 느낌을 더해준다.

영국 내에서 유일하게 생산되는 트레고스난 차를 구입할 수 있으며, 콘월Cornwall에서 생산되는 이들 녹차, 홍차, 가향차는 영국은 물론 일본 등의 틈새시장에서도 고가로 판매된다고 한다.

### ⑪ 빅토리안 티룸

빅토리안Victorian 티룸은 동화 속에서 본 듯한 작고 아담한 정원을
가진 곳이다. 내부 인테리어를 위해 빅토리아 시대의 엽서가 액자에
넣어져 곳곳에 걸려 있다. 앤티크 의자와 조화를 이루는 티룸은 작지
만 빅토리아 시대로 거슬러 올라온 듯한 차가을 불러일으키는 곳이
다. 200년의 역사는 엽서 속에서 이야기를 전해주고, 티가든의 과일
나무는 말없이 이방인을 반긴다.

입문자를 위한 홍차의 A to Z

홍차 강의

초판 1쇄 발행   2011년 4월 30일
초판 5쇄 발행   2020년 6월 1일


지은이  이진수
　　　　ⓒ 이진수, 2011


펴낸이  김환기
펴낸곳  도서출판 이른아침
주  소  경기도 고양시 일산동구 정발산로 24 웨스턴타워 업무4동 718호
전  화  031)908-7995
팩  스  070)4758-0887
등  록  2003년 9월 30일 제 313-2003-00324호
이메일  booksorie@naver.com


ISBN 978-89-93255-66-9 03810
정가 15,000원